# Umgestaltungen in der St. Nicolauskirche

# 1938 und 2022 –

## Ergänzung zum neuen Gedenk- und Lernort

## mit Bildern von Eva Dittrich

## im ehemaligen Altaraufsatz von 1938

(Stand: 09.12.2022)

Zum Inhalt:

Nach Heraustrennung und Translozierung der Altarraum-Wand zum neuen Gedenk- und Lernort ist eine zentrale Szene sehr gut und neu erkennbar: auf der Ebene der Betrachtenden ist Heinrich Matthias Sengelmann (1821-1899) zu sehen. Er hatte 1863 die "Alsterdorfer Anstalten" gegründet. Um ihn herum sind vier weitere Personen zu sehen, die ebenfalls mit der Gründung etwas zu tun haben: nämlich indirekt seine erste Frau Adele (geb. von Saß, 1826-1858) mit dem Sohn Gustav (1849-1850).

Der frühe Tod der beiden ist vor der Gründung der Anstalten erfolgt. Im Bild ist für Sengelmann diese Zeit, die bei der Gründung hinter ihm lag, auch durch die Position beider erkennbar gemacht. Noch mit Adele wurde 1850 im Pfarrhaus in Moorfleth eine Arbeitsschule begonnen, die später als St. Nikolai-Stift am Alsterlauf ihren neuen Ort fand. Erst nach der Heirat 1859 mit seiner zweiten Frau Jane Elisabeth (geb. von Ahsen = Jenny, 1831-1913) folgte dann der Landkauf für die Gründung. 1863 ziehen in das neu gebaute Haus "Schönbrunn" die ersten Zöglinge ein. Darunter ist auch Carl Koops (1848-1893), wohl der Junge neben dem Gründer. Durch ihn war Sengelmann auf das besondere Elend aufmerksam geworden, das im Bereich seiner ehemaligen Stadt-Gemeinde um den Hamburger Michel herum herrschte.

Das Jubiläum 1938 und das Wandbild kann die Anfänge des langen Wegs vor Augen führen, der die kinderlosen Sengelmann-Familien zu ihrem Engagement brachte: dass "Vater Sengelmann" und Jenny (auch nach seinem Tod) sich um ihre schnell wachsende neue "Anstalts-Familie" kümmerten.

Diese Szene der Sengelmann-Familien ist in Entsprechung zu den Kreuzes-Zeugen auf der anderen Seite des Wandbildes gedacht. Auch sie stellt dar, wie die Anfänge der Alsterdorfer Geschichte vom lange zurückliegenden Anfang zu verstehen sind. Unter dem Kreuz des erhöhten Christus hat begonnen, was Vater Sengelmann mit den Worten beschrieb: „Die Liebe Christi dringet uns also!" Diejenigen, die sich bewusst in diese Reihe einordnen, verstehen sich als „Gemeinschaft der Heiligen". Sie tragen die Liebe Christi weiter: als Boten um den Altar werden sie durch den guten Geist und die hintergründigen himmlischen Mächte gestärkt, um für andere Lasten zu tragen.

Unter dem Wandbild erinnern am Altaraufsatz fünf Bilder an die christlichen Festtage. Der Anfang der Gemeinden wird durch die Gabe des Geistes beim Pfingstfest symbolisiert. Besonders beim Altar erfuhren die ehemals dort Versammelten immer wieder neu, dass der von Jesus Christus herkommende gute Geist sie stärken kann. – Da diese Bilder ursprünglich als erklärende Ergänzung zum Wandbild gehörten, werden sie hier mit Erläuterungen als Fotos präsentiert.

# Umgestaltungen in der St. Nicolauskirche

# 1938 und 2022 –

## Ergänzung zum neuen Gedenk- und Lernort

## mit Bildern von Eva Dittrich

## im ehemaligen Altaraufsatz von 1938

### Uwe Gleßmer

### unter Mitarbeit von Alfred Lampe

Beitrag zu

‚Hopp und Jäger -
Kirchenbauten von einem Hamburger Architekturbüro
(1930 bis 1962/80)
Ein Projekt zur Dokumentation'
[www.huj-projekt.de]
Band 10

Bibliographische Informationen der Deutschen Nationalbibliothek
Die Deutsche Nationalbibliothek verzeichnet diese Publikation
in der Deutschen Nationalbibliografie; detaillierte bibliografische
Daten sind im Internet über http://dnb.dnb.de abrufbar

Herstellung und Verlag
BoD – Books on Demand, Norderstedt
ISBN: 9783756879786

# Inhaltsverzeichnis

| | | |
|---|---|---:|
| **Inhaltsverzeichnis** | | **5** |
| **1** | **Vorwort** | **7** |
| | 1.1   Zum Verständnis des Umbaus/Renovierung von 1938 | 8 |
| | 1.2   Zu den Buch-Veröffentlichungen | 9 |
| **2** | **Beitrag für die „Evangelischen Stimmen"** | **15** |
| | 2.1   Zwei Altarraum-Umgestaltungen in der St. Nicolauskirche | 15 |
| | 2.2   Die fünf Kupfertreibarbeiten von Eva Dittrich | 16 |
| | 2.3   Die Entfernung des gemauerten Altars | 18 |
| | 2.4   Erzählbare Szenen der 75jährigen Anstaltsgeschichte | 19 |
| | 2.5   Die Besucherin aus den USA am Lern- und Gedenkort | 21 |
| **3** | **Dokumentationen** | **25** |
| | 3.1   „Briefe und Bilder – Jubiläumsbericht" von 1938 | 26 |
| | 3.1.1   Das Weihnachtsbild von Eva Dittrich | 26 |
| | 3.1.2   Fotos vom Innenraum von Otto Rheinländer | 26 |
| | 3.1.3   Zur Renovierung der St. Nicolauskirche | 28 |
| | 3.1.4   Die Einweihungspredigt vom 19.10.1938 | 28 |
| | 3.2   Alle fünf Kupfertreibarbeiten von Eva Dittrich | 32 |
| | 3.2.1   Jesu Einzug in Jerusalem | 32 |
| | 3.2.2   Das Weihnachtsbild | 33 |
| | 3.2.3   Das Osterbild | 34 |
| | 3.2.4   Himmelfahrt | 36 |
| | 3.2.5   Pfingsten | 37 |
| **4** | **Abkürzungen, Archivalien und Kurztitel / Literatur** | **39** |
| | 4.1   Abkürzungen | 39 |
| | 4.2   Archivalien | 39 |
| | 4.3   Kurztitel und Literatur | 39 |
| **5** | **Zu den Autoren** | **42** |

# 1 Vorwort

Mit dem vorliegenden Heft möchten wir einen Beitrag zum „Gedenk- und Lernort" bei der Kirche St. Nicolaus in Hamburg-Alsterdorf leisten. Dieser Ort ist in seiner jetzigen Gestaltung mit Informationstafeln versehen, die besonders denjenigen gewidmet sind, die ab 1940 Opfer der sogenannten „Euthanasie" wurden. Die ehemaligen Alsterdorfer Anstalten haben diese NS-Mordaktionen nicht verhindert. Vielmehr sind ehemalige „Pflegebefohlene" in andere Anstalten verlegt und dort zu Tode gebracht worden. Die Bilder und Namen von 538 direkt betroffenen Menschen geben Anlass, darüber nachzudenken, wie es zu diesem Unrechtsgeschehen kommen konnte.

Die Informationstafeln des Gedenk- und Lernortes sind um das Zentrum der ehemalige Rückwand der Kirche gruppiert. Sie wurde 2021 bis 2022 aus dem Altarraum herausgetrennt und mit der gedrehten früheren Innenseite in einem „Beton-Trog" aufgerichtet. So können die Betrachtenden etwa von der Mitte der Bildhöhe das wandfüllende ehemalige Altarraum-Bild betrachten. Dazu gibt es auch bei den Informationstafeln eine schematische Darstellung von einigen Details dieses Bildes.

Unter dem gekreuzigten Christus sind dargestellt:

1 unbekannte Mutter
2 Kind, das nach Alsterdorf gebracht wird
3 Pastor Heinrich Matthias Sengelmann, der Gründer der Alsterdorfer Anstalten
4 vermutlich Carl Koops, der erste Bewohner der Alsterdorfer Anstalten
5 Jenny Sengelmann, die Ehefrau von Pastor Sengelmann, oder Maria aus Bethanien
6 Johannes der Täufer
7 Jünger Johannes
8 Maria
9 Martin Luther
10 unbekannte Person
11 Pastor Friedrich Lensch
12 Elisabeth Lensch, Ehefrau von Pastor Lensch
13 vermutlich Bruder von Pastor Lensch
14 Alsterdorfer Schwester
15 unbekannter Bewohner der Alsterdorfer Anstalten

Foto: Isabel Huster

Diese Informationsauswahl beruht auf einer Deutung, die dringend eine Ergänzung benötigt. Das betrifft vor allem die mit den Nummern 1 bis 5 bezeichneten Personen rechts unterhalb vom Kreuz. So soll die mit Nr. 5 näher bestimmte Person zwar vermutlich Jenny Sengelmann (geb. von Ahsen; 1831-1913) darstellen. Sie ist aber nicht „die" Ehefrau von Pastor Heinrich Matthias Sengelmann (Nr. 3; 1821-1899), sondern seine zweite Frau. Seine erste Frau Adele (geb. von Saß; 1826-1858) war gestorben, bevor Sengelmann die Grundlagen für die Alsterdorfer Anstalten 1863 legte. Deshalb ist sie wohl mit seinem ebenfalls früh verstorbenen leiblichen Sohn, Gustav Sengelmann (1849-1850) hinter Sengelmann abgebildet (Nr. 1 und 2). Der unter Nr. 4 erwähnte erste Bewohner, Carl Koops (1848-1893), wird an Sengelmanns Seite dargestellt. Carl gehört zur Gründungsgeschichte der AA. Er erfuhr die persönliche Zuwendung von Sengelmann[1] und seiner zweiten Ehefrau - auch ab 1863 in ihrer entstehenden „Alsterdorfer Familie".

Solche Informationen – etwa zum Kind und der Mutter, der der Engel Gabriel Trost zuspricht – sind eigentlich durch die zur Einweihung erhaltenen Informationen und die Ansprache vom 19.10.1938 im „Jubiläumsbericht" zugänglich. Doch bleibt auch der weitere Zusammenhang mit dem Jubiläum für die Deutung des Altarbildes ohne eine erklärende Grundlage. Diese Informations-Lücke soll mit diesem Heft verringert werden.

Natürlich gibt es verschiedene Blickwinkel, aus denen Kunstwerke betrachtet werden können. So entstehen z.T. ganz unterschiedliche Deutungen. Das ist ganz normal. Wir fragen nach der Bedeutung, die das Bild zur Zeit seiner Entstehung wohl für damalige Menschen gehabt haben wird. Denn die Zeit des 75jährigen Jubiläums ist es, die gefeiert wurde. 75 Jahre zuvor, 1863, wurde das Fachwerkhaus „Schönbrunn", neben dem später die Kirche gebaut wurde, zur ersten „Anstalt", wie man damals sagte. Als neuer Wohnort für die ersten vier Jungen war das Haus auf dem neu gekauften ländlichen Gebiet in Alsterdorf gebaut worden. „Schönbrunn" wurde es wegen des frischen Wassers genannt, das ärmere Stadt-Kinder aus den engen Gassen um die Michaelis-Kirche kaum kannten.

Erst 25 Jahre nach dem Bau von „Schönbrunn" begannen die Vorbereitungen für den Bau der Kirche, die 1889 fertiggestellt wurde. Und noch einmal ca. 50 Jahre später fand das 75jährige Fest zur Gründung der Anstalten statt. Dazu war die Renovierung der Kirche 1938 wie ein Festtags-Geschenk gedacht – und der Ersatz des Fensters durch ein Wandbild als Erzähl-Hilfe für die Geschichte der Anstalten.

## 1.1 Zum Verständnis des Umbaus/Renovierung von 1938

Von dieser Renovierung her blicken wir auch auf das damit verbundene Bild. Denn wir haben ab 2014 versucht, mehr über die beiden Architekten Bernhard Hopp und Rudolf Jäger herauszufinden, die die Umgestaltung vorgenommen haben. Leider war die „Startposition" für die Suche nach Einzelheiten sehr schmal. Sie bestand nämlich zuerst nur aus genau einer Zeile mit dem Texteintrag

„1938 St. Nicolaus Alsterdorf".

Sie stand in einer Liste, die für die beiden Architekten möglichst alle von ihnen ausgeführten Bauten nennen sollte. Beide hatten sich ab 1934 besonders um Kirchbau bemüht. Das war in der damals beginnenden Zeit der Herrschaft der

---

[1] Siehe dazu *Sengelmann (1871)* „Die Alsterdorfer Anstalten" S. 62 mit dem Verweis auf Carl, der „auch wohl der Gründer des Asyls genannt wird und deshalb hier – freilich in seiner jetzigen Gestalt – seinen Ehrenplatz finden mag" (ein Bild von Carl ist auf der nächsten Seite).

Nationalsozialisten keine Selbstverständlichkeit. Aber beide Architekten kamen aus christlichen Jugendgruppen, wie wir inzwischen viel genauer wissen.

Außer der einen Textzeile „1938 St. Nicolaus Alsterdorf" gab es zum Glück noch alte Fotos auf Glasplatten. Auf zwei sehr guten Aufnahmen war der renovierte Innenraum der Kirche zu sehen.[2] Sowohl die Liste als auch die Glasplatten fanden sich in einer Archiv-Sammlung: im Hamburgischen Architektur-Archiv (= HAA). Auch zu den meisten anderen Bauten der beiden Architekten waren solche Glasplatten dort vorhanden. Insgesamt über 1100 Aufnahmen, die alle vom Fotographen-Meister Otto Rheinländer vom HAA übernommen wurden, haben wir deshalb zur Betrachtung an Computern digitalisiert. Sie bilden eine wichtige Grundlage für das von uns 2015 mitbegründete „Hopp-und-Jäger Projekt" (= www.huj-projekt.de; abgekürzt: HuJ). - Für einen großen Teil des Materials zu Kirchen, die vor dem Zweiten Weltkrieg in der NS-Zeit von diesen Architekten gebaut wurden, liegen Veröffentlichungen vor oder sind in Vorbereitung (siehe dazu unter www.huj-projekt.de/publikationen.php).

## 1.2   Zu den Buch-Veröffentlichungen

Es sind inzwischen sehr viele Informationen, die sich zu den für die Renovierung verantwortlichen Architekten HuJ und auch über das Geschehen in Alsterdorf angesammelt haben. Die kann kaum jemand vollständig aufnehmen, sondern sie werden deshalb häufig nur in Auswahl genutzt. Deshalb soll die folgende Zusammenstellung vor allem auf die Menge von Material nur in Kurzform hinweisen.

Von unserer oben genannten HuJ-Perspektive ging auch die Suche nach weiteren Informationen aus. Sie hat zu unseren weiter unten genannten zwei Veröffentlichungen geführt, die St. Nicolaus betreffen. Seitens der Evangelischen Stiftung Alsterdorf lag zuerst nur das folgende Buch vor:

> Michael Wunder, Ingrid Genkel und Harald Jenner: „Auf dieser schiefen Ebene gibt es kein Halten mehr" [Agentur des Rauhen Hauses], Hamburg 1987 (= Nachdruck in der zweiten Auflage 1988)

Darin geht es zwar unter anderem um die Renovierung der Kirche sowie das 1938 entstandene Altarbild. Es ist jedoch keine Information zur Tätigkeit der Architekten HuJ enthalten. Neben dem Haupt-Thema der Euthanasie-Morde bildet das neue Wandbild eigentlich ein Neben-Thema. Es wird aber dem damaligen Direktor der Alsterdorfer Anstalten, Pastor Friedrich K. Lensch, die Urheberschaft des Bildes zugeschrieben. Eine besondere Deutung des Bildes vom Gekreuzigten im Rahmen einer „heldischen Verklärung" im Sinne der NS-Ideologie bildet jedoch für die damals entstandene Alsterdorfer Sicht eine indirekte Verbindung zum Thema der „Euthanasie".

Aus der Perspektive im HuJ-Projekt waren jedoch bis 2015 weitere Dokumente bekannt, die zu einer anderen Sicht auf die damaligen Vorgänge geführt haben:

---

[2] Siehe dazu unten den Abschnitt 3.1.2.

Uwe Gleßmer / Alfred Lampe: Kirchgebäude in den Alsterdorfer Anstalten: Die Umgestaltungen der St. Nicolauskirche, Friedrich K. Lensch (1898-1976) und Deutungen des Altar-Wandbildes .[Beitrag zum Hopp-und-Jäger-Projekt Band 1].- Books on Demand, Norderstedt 2016 [ISBN: 978-3-739212982] [zweite, korrigierte und erweiterte Auflage]

Im gleichen Jahr ist eine überarbeitete, dritte Auflage des Buches „Auf dieser schiefen Ebene ..." erschienen. Sie ist im Blick auf die Dokumentationen zu den Euthanasie-Morden eine wichtige Erweiterung des Wissens. Allerdings sind von mir in der Rezension für die Zeitschrift für Hamburgische Geschichte vier wichtige offene Fragen zu den geschichtlichen Gegebenheiten formuliert und die Deutung des Altarbildes in Frage gestellt worden.[3] Eine weitere Veröffentlichung war von der Evangelischen Stiftung Alsterdorf (= ESA) bereits zuvor an die Autorinnen G. Engelbracht / A. Hauser im Rahmen der Geschichtsaufarbeitung in Auftrag gegeben worden.[4] Sie ist im Jahr des 150. Jubiläums 2013 unter dem Titel „Mitten in Hamburg. Die Alsterdorfer Anstalten 1945-1979" erschienen.

Die darin entfaltete Entwicklung im Anschluss an die NS-Zeit bezieht u.a. auch die Alsterdorfer Sicht auf das Altarbild ein. Diese fordert jedoch zum Widerspruch heraus. Denn das Bild war vor dem darzustellenden Zeitraum entstanden. Die rück-schauende Deutung, die erst ab 1987 und in der Folgezeit an das Bild heran-getragen wurde, existierte zuvor noch nicht. Erkundigungen über das Verständnis des Bildes aus der Zeit von 1945 bis 1979 wären durchaus von Interesse gewesen.

So ist es unsererseits zu einer zweiten Veröffentlichung zum Thema „Alsterdorf" gekommen, in die vor allem weitere Dokumente aufgenommen sind: etwa Aussagen aus dem (1973 eingestellten) Mord-Anklage-Verfahren gegen Pastor F.K. Lensch. Sie sind aus den Gerichtsakten verfügbar. Ersichtlich ist aus ihnen, dass sie in weiten Teilen einerseits die Quellenbais für die besondere „Geschichts-aufarbeitung" der zuständigen Alsterdorfer Autor*innen geboten haben. Anderer-seits sind Originaltexte von Pastor Lensch enthalten. Z.B. wird die Angabe richtiggestellt: die Alsterdorfer Anstalten wären ein „Nationalsozialistischer Muster-betrieb" gewesen. Diese Falsch-Behauptung war auch 1979 in einem der Skandal-Artikel in „DIE ZEIT" in die damalige Diskussion um die Verjährung von NS-Verbrechen gebracht worden. Kombiniert war sie mit einer weiteren mehrfach zitierten Angabe, für die es aber ebenfalls keinen Beleg gibt:

> „Lensch persönlich verwechselte allzu oft seinen Talar mit der Braun-Jacke eines SA-Oberführers. Die Partei bedankte sich für derlei kirchliches Entgegenkommen. Schon 1935 deklarieren die Nazis die evangelische Einrichtung Alsterdorf zum ‚NS-Musterbetrieb', und fünf Jahre später wurde Lensch mit dem ‚Gaudiplom der deutschen Arbeiterfront' geehrt."

Diese Angabe ist in dem letzten Detail *fast* richtig: die AA erhielten tatsächlich das „Gaudiplom" der *Deutschen Arbeitsfront* (= DAF) – und zwar im Jahr 1939. Den Hintergund dazu hat Lensch in einem Text „Das Gau-Diplom" dargelegt, der sich

---

[3] Gleßmer (2017) ZHG = Uwe Gleßmer: Rezension zu Wunder / Genkel / Jenner (2016[3]).- in: ZHG 103 (2017) S. 192-196.

[4] Gerda Engelbracht / Andrea Hauser: Mitten in Hamburg. Die Alsterdorfer Anstalten 1945-1979.- Kohlhammer Stuttgart 2013.

unter den Gerichtsakten befindet. Dieser Text wurde in der 3. Auflage von „Auf dieser schiefen Ebene …‟ nicht beachtet, obwohl eigentlich ein zeitlicher Klärungsbedarf bestand. Denn es wurde ein undatierter Zeitungsausriss abgebildet. In diesem Zeitungsausriss wird tatsächlich von dem Gaudiplom für die Alsterdorfer Anstalten berichtet. Daraus wird in der 3. Auflage „Auf dieser schiefen Ebene‟:

> „Die Alsterdorfer Anstalten erhielten im gleichen Jahr das 'Gaudiplom eines national-sozialistischen Musterbetriebs'.‟[5]

Im Text werden aus der Zeitungsmeldung zwei Begriffe zusammengebracht, die aber Unterschiedliches bedeuten. Und es wird zudem ohne Beleg eine Datierung auf 1938 vorgenommen, ohne nach belastbaren Belegen für ein solches Datum zu suchen. Für den Autor als Archivar wäre das auch online möglich gewesen, um etwa im Hamburger Staatsarchiv datierte Zeitungsausrisse zu finden:[6]

Nach der Corona-Zeit konnte ich zusätzlich zu mehreren online-verfügbaren Zeitungsausrissen auch im StAHH die Archivgut-einheit „135-1 I-IV_7511 Auszeichnung von NS-Musterbe-trieben, 1936-1942‟ studieren.

Das Foto links aus dem Hamburger Tageblatt vom 29.4.1939 ist leider etwas unscharf. Es lässt aber gut als Nr. „39. Alsterdorfer Anstalten, Hamburg-Alsterdorf‟ in der rechten Spalte erkennen.

Unsere Kritik an der Geschichtsdarstellung und an einigen Falschdatierungen war bereits in unser Buch von 2019 aufgenommen:

---

[5] Wunder / Genkel / Jenner (2016[3]) S. 52.

[6] Siehe dazu auch: Uwe Gleßmer: Auszeichnungen der Deutschen Arbeitsfront für die Alsterdorfer Anstalten (anhand digital verfügbarer Zeitdokumente) Alfred Lampe zum 90. Geburtstag gewidmet.- in: Jahrbuch des Alstervereins (2022) S. 76-96.

Uwe Gleßmer / Alfred Lampe: Mit-Leiden an Alsterdorf und seinen Geschichtsbildern von den Anstalten [Beitrag zum Hopp-und-Jäger-Projekt Band 9].- Books on Demand, Norderstedt 2019 [ISBN: 978-3-750408609]

In die Überlieferung zu diesen Themen haben außerhalb des HuJ-Projektes die Hinweise auf notwendige Korrekturen bisher jedoch kaum Eingang gefunden.[7] So heißt es auch noch im „alsterdorf magazin" 1-2022 im Artikel über den „Lern- und Gedenkort" (= LGO):

> „… Direktor Pastor Friedrich Lensch, der die Anstalten zu einem ,nationalsozialistischen Musterbetrieb' machte und nach heutigem Kenntnisstand auch das Altarbild eigenhändig in den Putz gezeichnet hat".[8]

Der heutige Kenntnisstand, wie er sich u.a. aus den Tagebüchern des Architekten B. Hopp belegen lässt, zeigt zwar, dass Lensch wirklich an dem Bild mitgearbeitet hat. Wahrscheinlich hat er jedoch nur die Ausmalung von Gesichtern vorgenommen, wie etwa das Gesicht von H.M. Sengelmann. Dieses ist geradezu fotographisch genau, aber „malerisch" auf der im Putz frei belassenen Gesichtsfläche ausgeführt. Dieser Unterschied wude von der sachverständigen Firma festgehalten, die 2014 das Bild detailliert untersuchen konnte.[9]

Aber das großflächige Wandbild mit der Vorbereitung der Putz-Schichten und Einkratzung der Bekleidungs- und Körper-Konturen in den feuchten Putz erforderte eine professionelle Ausführung. Um z.B. die geraden Linien für die Faltenwürfe bei den einzelnen Figuren zu erzeugen, waren geübte Hände nötig. B. Hopp, der selbst gelernter Dekorationsmaler war, hatte eine Altarbild-Gestaltung in Geesthacht 1934 in Kratzputz-Technik selbst vorgenommen.[10] 1938 war er aber zeitgleich auch mit anderen Kirchbauten im Alstertal beschäftigt, für die eine Beauftragung bereits schon länger vorlag: – nämlich seit Anfang 1938 für die Nachbargemeinden Maria-Magdalenen, Klein-Borstel, und seine Heimatgemeinde St. Lukas, Fuhlsbüttel. Da die Beauftragung durch Alsterdorf jedoch erst am 10. Juni 1938 erfolgte, war eine sehr zügige Unterbeauftragung von Firmen für die konkreten Arbeiten nötig. Alles sollte bis zur geplanten Einweihung zum Jubiläumsdatum am 19. Oktober fertiggestellt sein. Wahrscheinlich hat Hopp auch deshalb seine ehemalige Lehrfirma G. Dorén zur Ausführung vorgeschlagen.

---

[7] Siehe aber die Stellungnahme in der Rezension durch B. v. Hennigs (2020) ZHG.

[8] Verfügbar unter www.alsterdorf.de/presse-downloads.html; in der PDF-Version S. 43.

[9] Einen solchen Sachverhalt hatte auch im März 2014 die Untersuchung und Vorstudie zur Translozierung des Altarbildes festgehalten; vgl. dazu die im Denkmalschutzamt verfügbare Akte „39-407/179" mit der Vorstudie (dort S. 14) - bei Abb. 12 „Plastisch gestaltete Dornenkrone und malerische Ergänzung des Hintergrundes" sowie bei Abb. 13 „Malerische Umsetzung der Gesichtszüge" bei Sengelmann („Gesichtsfeld des 2. Heiligen zur Linken des Gekreuzigten" – von der Perspektive des Gekreuzigten aus gesehen). Zwischen Gesichtszügen und dem umgebenden Heiligenschein ist – in der Nahaufnahme – der frei gelassene weiß-graue Hintergrund zu sehen.

[10] Hamburger Nachrichten vom 11.5.1935 S. 6 (mit Verweis auf einen Beitrag v. 4.5.1935 S. 8).

Wie auch bei den beiden Parallel-Kirchbauprojekten ist ganz sicher, dass die Planung des Architekturbüros auf einem Gesamtentwurf beruhte. Es war dabei die Leistung von Hopp, die mit den Ortsgeistlichen abgestimmten künstlerischen Wünsche in Detailplanungen zu bringen. Diese wurden von ihm zeichnerisch so vorbereitet, dass die ausführenden Handwerker und Künstler genaue Orientierung bei der Übernahme ihres Auftrags hatten.

Im Falle der Kirche St. Nicolaus sind solche Zeichnungen zwar nicht mehr vorhanden bzw. auffindbar. Aber dieses Verfahren wird ebenfalls entsprechend abgelaufen sein: auch für die durch Pastor Lensch gewünschte eigenhändige Ausmalung einiger Gesichter mussten die Größen der Flächen zuvor genau festgelegt sein.

Dass P. Lensch malen konnte, steht (durch seine Ausmalung im Festsaal von 1934) außer Zweifel. Von Hopp stammt der einzige dokumentarische Beleg für eine Beteiligung von Lensch am Altarbild. Hopp notierte in seinem Tagebuch am 22.9.1938: „P. Lensch ist bei dem Bild beschäftigt".

So ist die oben zitierte Angabe aus der HuJ-Perspektive nicht ganz falsch, es hätte P. Lensch „... nach heutigem Kenntnisstand auch das Altarbild eigenhändig in den Putz gezeichnet". Genauer wäre wohl der Verweis auf die frei belassenen, trockenen Flächen in den umgebenen Putz-Strukturen. Die Nutzung von Vorlagen für die Ausmalung der Gesichter würde sich auch mühelos mit dem Hinweis des damals siebenjährigen Lensch-Sohnes verbinden lassen, worauf in der o.g. 3. Auflage verwiesen wird. Der 1931 Geborene (und inzwischen ältere Herr) erinnerte auf Befragung noch aus seiner Kinderzeit, wie sein Vater im Arbeitszimmer mit Material zum Altarbild beschäftigt war.[11] So mag die Ausmalung mit Pinsel und Farbe hauptsächlich von Lensch stammen: wohl bei den fast fotographisch genauen Bildern von Heinrich M. und Adele Sengelmann sowie von Luther und den Kreuzeszeugen vor und nach ihm. Möglicherweise sind auch – wie neben der Dornenkrone – weitere Detail-Konturen von Lensch mit Farbe versehen worden. Genauere Auskunft könnten eventuell weitere Fotos aus der o.g. Vorstudie bieten.

Der Sachverhalt einer Beteiligung von P. Lensch an dem Wandbild ist also nicht fraglich und war wohl auch Hintergrund für die längere Zeit der Vorverhandlungen mit HuJ seit April 1938. Gemeinsam mit den Architekten muss konzeptionell die Idee für die Art der Bezugnahmen auf die Geschichte der Alsterdorfer Anstalten entstanden sein. Lensch hatte im Sonderheft „Die Alsterdorfer Anstalten in Wort und Bild" bereits 1932 u.a. die Familien-Geschichte der Familien Sengelmanns dargestellt.

Vielleicht bildete das Titelblatt von Heft 2 der Zeitschrift „Kunst und Kirche" aus 1937 eine Anregung für das Wandbild. In einer Abbildung aus einer mittelalterlichen Handschrift war ein z.T. vergleichbarer „Zug der Kreuzeszeugen" zu sehen.[12] In

---

[11] *Wunder / Genkel / Jenner (2016³)* S. 229 (und S. 111).

[12] Vgl. dazu die Abbildung bei *Gleßmer / Lampe (2016²)* S. 66; zum folgend genannten Artikel siehe *Hopp (1938) KuK* „Die Gestalt des Altars".- in: Kunst und Kirche 15,2 (1938) 3-6.

dieser Zeitschrift hatte B. Hopp im Frühjahr 1938, – gerade als Lensch bei ihm anfragte –, einen Artikel veröffentlicht. Darin ist seine Sicht auf Altäre aus Stein und eine Entwicklung der Altar-Ausstattungen und -Aufsätze dargelegt, wie sie auch in den HuJ-Kirchbauprojekten der 1930er Jahre realisiert wurden – und wie auch in St. Nicolaus zu sehen war. Bereits am 18.6.1938 wurde von Pastor Wilhelmi im Zusammenhang mit der Schilderung zur Maria-Magdalenen-Kirche auch auf den neuen steinernen Altar in St. Nicolaus hingewiesen.

Die Absprachen für die auf dem Altar geplanten biblischen Szenen wurden ebenfalls in dieser Zeit begonnen. Dafür hatte B. Hopp ähnlich wie bei der Dekorationsmalerei auf die Zusage für eine zügige Umsetzung durch die Metall-Künstlerin Eva Dittrich gehofft. Auch sie war ihm persönlich bekannt und hatte ähnlich kurzfristig für die Johanneskirche in Hamm / Westfalen im Frühjahr gerade rechtzeitig zur Einweihung am 20.3.1938 das Altargeschirr fertigstellen können.[13]

---

[13] Siehe dazu *U. Gleßmer / E. Jäger / M. Hopp (2016)* „Zur Biografie des Kirchenbaumeisters Bernhard Hopp (1893-1962): Ein Leben als Hamburger Künstler und Architekt Teil 1: Die Zeit bis zum Zweiten Weltkrieg" S. 185 (mit Fotos von O. Rheinländer vom 23.3.1938) mit Details zu Eva Dittrich sowie zu Planungen für den Bau einer Kapelle mit ihrem späteren Mann, Pastor Paul Leo, in Haste. Der Bau wurde jedoch wegen der Inhaftierung Leos und seiner Emigration nicht realisiert; zum weiteren Ergehen des Ehepaars Leo siehe bei *Gleßmer / Lampe (2016)* S. 123ff.

# 2 Beitrag für die „Evangelischen Stimmen"

In Bezug auf den Altaraufsatz und die von Eva Dittrich geschaffenen Kunstwerke, die 1938 im Zuge der Renovierung Teil der St. Nicolauskirche in Hamburg-Alsterdorf wurden, ist der unten folgende Beitrag erstellt worden.[14] Darin wird die Bedeutung der fünf Kupfertreibarbeiten für die Gesamtkonzeption dargestellt. Sie sind unten im Abschnitt 3 ergänzend zu dem Zeitschriftbeitrag in Farbe und größerem Format reproduziert (nach Fotos vom 12.2.2016 an der damaligen Kanzel). Hier nun der ansonsten textgleiche Beitrag für die „Evangelischen Stimmen", der mit freundlicher Genehmigung des Herausgebers im Folgenden abgedruckt wird:

## 2.1 Zwei Altarraum-Umgestaltungen in der St. Nicolaus-kirche

Die beiden Umgestaltungen, um die es hier gehen soll, haben jeweils eine lange Vorgeschichte. Die eine war zum 75jährigen Jubiläum der damaligen Alsterdorfer Anstalten 1938 durchgeführt worden. Die andere wurde in 2022 realisiert: nach längeren Diskussionen, die zum 150jährigen Jubiläum 2013 bereits z.T. in die heutige Richtung wiesen. Durch die Heraustrennung der östlichen Chorraumwand beginnt ab diesem Jahr [2022] eine neue Nach-Geschichte als Zentrum für einen Lern- und Gedenkort im Rahmen einer „Straße der Inklusion". Die Neukonzeption soll wichtige Fragen aus der Vergangenheit der früheren Alsterdorfer Anstalten für die Gegenwart aktualisieren: Ein Lernen aus der Geschichte, die sich so nicht wiederholen darf. Der Umgang mit behinderten Menschen, der während des Zweiten Weltkriegs auch zu den – „gutes Sterben / Euthanasie" genannten – verbrecherischen Morden geführt hat, steht im Gegensatz zu den Verpflichtungen der Gegenwart – zur Inklusion und zur Beseitigung von Barrieren.

Anlass für die folgende Beschreibung zum Hintergrund der Umgestaltungen ist der Besuch der Tochter der Künstlerin, die 1938 die Kupfer-Treibarbeiten für den ehemaligen Altar geschaffen hatte. Altar und Aufsatz gehörten damals mit zur Ausstattung des vom großen Wandbild geprägten Chorraumes.

Das Architektenbüro von B. Hopp und R. Jäger, das den Auftrag zum Umbau im Juni 1938 bekommen hatte, hat von ihren Projekten professionelle Fotos anfertigen lassen.

> Der Fotograph O. Rheinländer hat von den verschiedenen Kirchbauten dieser Architekten sehr gute Fotos angefertigt. Sie finden sich noch im Hamburgischen Architekturarchiv. In hoher Auflösung sind die Glasplatten im Rahmen des Hopp-und-Jäger-Projektes digitalisiert worden (s. ganz unten zu den Quellen).

Will man sich die damalige Denkweise und Gesamtkonzeption vor Augen führen, so bietet das folgende Foto dafür wichtige Grundlagen:

---

[14] U. *Gleßmer (2022) EvSt* „Zwei Altarraum-Umgestaltungen in der St. Nicolauskirche".

Foto: HAA_ORh_012.12-4_Nr_1_(0355) - Ausschnitt

Darum soll es weiter unten genauer gehen. Zuerst jedoch zu dem konkreten Anlass des Berichtes, dem dann eine Schilderung des neuen Gedenkortes folgt. Die Gesamtkonzeption von 1938 und verschiedene Deutungen dazu folgen in einem dritten Abschnitt.

## 2.2 Die fünf Kupfertreibarbeiten von Eva Dittrich

Für die Menschen in Alsterdorf war das 75jährige Jubiläum 1938 Anlass, von der Geschichte seit der Gründung durch H.M. Sengelmann zu erzählen. Im großen wandfüllenden Kreuzigungsbild wurde mit der Abbildung des Gründers solcher Erzählstoff auch in der Kirche vor Augen geführt. – Aber auch die biblischen Grundlagen für dessen christliches Engagement gehörten zu dem Erzählgut. Erst durch sie wird ja seine christliche Motivation angemessen verständlich. Die Feiertage im Jahreskreis sind es vor allem, die die Anfänge um den Gekreuzigten und Auferstandenen an den Festtagen auch der Gemeinde in Erinnerung rufen.

So durften auch sie nicht bei der Umgestaltung 1938 fehlen – wie im Foto oben als Altaraufsatz zu sehen. Leider war jedoch vor dem Deutschland-Besuch der

78jährigen Tochter der damaligen Künstlerin der Verbleib der Kupfer-Treibarbeiten nach der Umgestaltung 2022 unklar. Freundlicherweise hat der neue Vorstandsvorsitzende, Pastor U. Mletzko, deren zwischenzeitlichen Verbleib klären können und eine kurzzeitige Aufstellung auf Stühlen in der umgestalteten Kirche möglich gemacht.

Monica Leo und Martin Dittrich (Foto von Isabel Huster)

Für Monica Leo war es eine sehr erfreuliche Überraschung, diese Kunstwerke ihrer Mutter, Eva Dittrich, im Original sehen und fühlen zu können. Kenntnis davon hatte sie zwar auch schon in den USA, wo sie nach der Emigration ihrer Mutter und deren Heirat mit dem ebenfalls emigrierten „nicht-arischen" Pastor Paul Leo im Jahr 1944 geboren wurde. Aber jetzt bei dem Besuch ihrer Verwandtschaft in Hamburg war es zusammen mit den Familien Malsch und Dittrich eine besondere Überraschung, gemeinsam diese Dokumentationen von christlich-künstlerischer Tradition aus der Zeit von 1938 vor Ort mehr zu „begreifen".

Sie kannten zwar die Familien-Briefe, die Mutter Eva Dittrich über ihr Ergehen als junges Emigranten-Paar nach Deutschland (via Cousin Pastor Karl Malsch in Klein-Borstel) auch an B. Hopp geschrieben hatte. Aber das Ergebnis des Zusammenwirkens in der Gesamtkonzeption der Umgestaltung und des neu bebilderten Altarraums hatte die Mutter damals nie gesehen.

Um so interessierter war Monica Leo auch auf den Spuren ihrer Mutter, das große Altarbild zu sehen und sowohl den inhaltlichen Zusammenhang der fünf Bilder damit als auch den Hintergrund der Umgestaltung 2022 zu verstehen.

Bernhard Hopp hatte Eva Dittrich nach dem im Frühjahr kurz zuvor abgeschlossenen Kirchbau-Projekt in Hamm/Westfalen auch für das Alsterdorfer Projekt um Metall-Arbeiten – den unten zu nennenden fünf biblischen Themen für den Altaraufsatz gebeten. Diese waren auch rechtzeitig für die Jubiläums-Wiedereröffnung der umgestalteten Kirche am 19.10.1938 fertig geworden (Fotos unten von Isabel Huster):

| Weihnachten | Palmsonntag | Ostern | Himmelfahrt | Pfingsten |

Von links nach rechts sind hier die Bilder zu Jesus-Erzählungen dargestellt, die mit der Geburtsgeschichte beginnen. Auffällig ist, bei einer isolierten Betrachtung der fünf Bilder, dass eine Kreuzes-Szene nicht vorhanden ist. Doch erklärt sich dieses scheinbare Defizit aus der Gesamtkonzeption des Altarraums: das Kreuzes-

Geschehen an der Wand überragte ursprünglich alles. – Das mittlere der fünf Bilder bietet direkt im Zentrum unter dem am Kreuz erhöhten Christus-Wandbild mit Ostern und Auferstehung dessen Vorgeschichte. Das ist nach der späteren Entfernung des steinernen Altars mit dem Bild-Aufsatz und der Anbringung der Kupfer-Treibarbeiten an der Kanzel aus dem Blick geraten.

Bei der Erklärung, warum das Wandbild aus der Kirche entfernt worden ist, war es für Monica Leo vor allem schwer, die Deutung der Heiligenscheine nachzuvollziehen. In den Texten zum Lern- und Gedenkort ist zu lesen:

> „Drei von fünfzehn Menschen tragen keinen Heiligenschein. Es sind die Menschen mit Behinderung."

Auch in den fünf Altar-Bildern mit den biblischen Szenen gibt es ein Nebeneinander von Menschen mit und ohne Heiligenschein. Dort kann „ohne Heiligenschein" nicht bedeuten: „Menschen mit Behinderung". – Und auch bei dem Wandbild stimmt es z.B. bei dem Kleinkind auf dem Arm der Mutter nicht (zu Sengelmanns Sohn Gustav siehe unten). Wie ist man aber auf diese Idee gekommen?

## 2.3 Die Entfernung des gemauerten Altars

Dazu muss man etwas über die Vorgeschichte zu kleineren Umgestaltungen der Kirche zwischen 1938 und 2022 wissen. Denn in den 1980er Jahren veränderte sich in Folge der anti-autoritären 1968er-Bewegung auch in Kirchen manche Denkart. So schrieb rückschauend 1994 ein Alsterdorfer Pfleger:

> „Heute legt man sehr viel Wert auf äußere Gegebenheiten. Z.B. wurden die Altarstufen u.a. besonders deswegen beseitigt, um die Gleichwertigkeit zwischen Behinderten und Nichtbehinderten zu dokumentieren. ..."

So wurde der gemauerte Altar in den 1980er Jahren entfernt, und die fünf Kupfer-Treibarbeiten von Eva Dittrich erhielten einen neuen Platz und eine neue Anordnung in der Kirche an der Kanzel:

 An der Kanzel wurde die Bildfolge für die Feste im Kirchenjahr so gewählt, dass die Geburtsgeschichte Jesu im Weihnachtsbild voranstand. – Die Abfolge jedoch, wie sie ursprünglich als Altaraufsatz von E. Dittrich und B. Hopp realisiert wurde und die oben auf dem Rheinländer-Foto von 1938 zu sehen ist, stellte das Bild vom Einzug in Jerusalem voran. Diese Erzählung ist sowohl für den Palmsonntag als auch für den Beginn des Kirchenjahres am 1. Advent als Lesungstext vorgesehen.

Die Entfernung des Altars mitsamt der Bilder wurde einerseits als eine positive Neuerung empfunden: es wurde so auch ein manchmal gefährliches Gedränge an den erhöhten Stufen im Altarraum vermieden. Zugleich war aber andererseits ohne Altar die Sicht und die Szenen-Gliederung für das Wandbild verändert: die Teil-Szene rechts unten war nicht mehr als etwas Hervorgehobenes zu sehen. Vielmehr wurde sie Teil der Folge der anderen Kreuzeszeugen. In der nachfolgenden Zeit hat ein (sich als ehemaliger Behinderter bezeichnender) Gottesdienst-Besucher eine Beobachtung formuliert. Sie war einfach und folgenreich: er zählte die Anzahl der Heiligenscheine bzw. deren „Fehlen" bei drei Personen. Dass eine deutlich behinderte Person direkt auf der Sicht-Ebene vor Augen war, das kannten alle. Aber jetzt im Gesamtbild drei Menschen ohne Heiligenschein als Kontrast zu sehen, passte zu den von ihm erlittenen Erfahrungen. Er hat sie als Zeitzeuge für seine Zeit in der kirchlichen Einrichtung der Alsterdorfer Anstalten (1925-1947) rückschauend ab den 1980er Jahren beschrieben. Menschen mit Handycap im 12:3-Machtverhältnis zu artikulieren und zu deuten, entsprach auch einem kirchen-kritischen Denken von Mitarbeitern.

Es liegt nahe, dass der Informationsverlust durch die Entfernung des Altars mit seinem Bildaufsatz für die weitere Entwicklung des Schemas der Zahlen 12 + 3 mit verantwortlich ist. Dieser Verlust hatte zur Folge, a) das Nebeneinander von Menschen mit und ohne Heiligenschein in den Kupfer-Treibarbeiten zu übersehen, das von der Frage nach Behinderungen ganz frei ist; und b) die deutliche Szenen-Gliederung des Altarbildes und deren Bedeutung für den Kontext des Jubiläums 1938 gar nicht in die Deutung einzubeziehen.


## 2.4 Erzählbare Szenen der 75jährigen Anstaltsgeschichte

Die besondere Gewichtung bei der Neugestaltung des Altarraums entstand durch das wandfüllende Geschehen um das Kreuz. Es führte vor Augen, wie der lange Weg vom Gekreuzigten über die ersten Kreuzes-Zeugen links des Kreuzes über die Luther-Zeit bis in die Gegenwart führt. In die Geschichte hineingewoben ist dabei auf der rechten Seite oben die Anfangssituation um H.M. Sengelmann und die Aufgabenstellungen der Alsterdorfer Anstalten. Diese sind weiter gewachsen – bis hin zu „Pflegebefohlenen" mit schwersten Handycaps, wie unten rechts dargestellt. Beide Stränge wurden den Menschen in mehreren Teil-Szenen anhand der Bilder erzählbar gemacht. (Den Einladungen zur Jubiläums- und Einweihungsfeier im Oktober 1938 wurde die bereits 1932 gedruckte Broschüre „Die Alsterdorfer Anstalten in Wort und Bild" beigefügt. Darin wird die geschichtliche Entwicklung mit Sengelmann beginnend – inklusive seiner beiden Ehefrauen – bebildert dargestellt (online: http://resolver.sub.uni-hamburg.de/goobi/PPN657029246):

1. Durch eine geradezu fotographische Gesichtsdarstellung ist rechts unter dem Kreuz „Vater Sengelmann" (1821-1899) klar erkennbar. Als „Vater" wurde er den „Kindern" auch lange nach seinem Tod noch als Gründer der Anstalten in Erinnerung gerufen. Er ist von einer Menschengruppe umgeben, die ebenfalls in den damaligen Narrativen eine Rolle spielt. So gehört zur Sengelmann-Geschichte seine erste Frau (1826-1858) und sein einziges leibliches Kind, der Sohn Gustav (1849-1850). Beide sind früh verstorben, noch bevor Sengelmann sich entschied, nach Alsterdorf zu ziehen. Das Bild versucht wohl, diese traurige Vorgeschichte der ersten Familie Sengelmann darzustellen. Durch den Engel erfolgt eine Zuwendung aus der himmlischen Welt, indem er seine Arme zu der Frau mit Kind richtet, die hinter Sengelmann positioniert sind. Im Jubiläumsbericht zum 19.10.1938 wird erläutert, es spricht der Engel „…

Gabriel als Verkünder der Frohbotschaft des Evangeliums einer sorgenerfüllten Mutter Trost zu...".

Sengelmanns zweite Frau Jane (genannt Jenny, 1831-1913) hat nach ihrer Heirat 1859 in der kinderlosen Ehe ihren Mann bei seinem neuen Engagement für die nicht-eigenen „Kinder" begleitet. Das 75jährige Jubiläum 1938 blickte auf die erste „Anstalt" und die Errichtung des Hauses „Schönbrunn" 1863 zurück.

Einer der geradezu sprichwörtlich gewordenen Erstbewohner war ein Junge, Carl Koops. Er war es, von dem Sengelmann mehrfach berichtet hat. Er bildete den Anfangspunkt seines Einsatzes für verwahrloste Kinder noch in der Zeit seiner ehemaligen Gemeinde St. Michaelis. Vermutlich soll er zur Seite von Sengelmann dargestellt sein. Jenny hat in den inzwischen zahlreichen „Alsterdorfer Anstalten" auch nach dem Tod ihres Mannes 14 Jahre weiter gewirkt. Auf Fotos wird sie mehrfach als alte, fromme Frau mit der geöffneten Bibel abgebildet. Sie soll es wohl sein, die vor Sengelmann zu Füßen des Gekreuzigten betend kniet. Die Sengelmann-Szene ist in ihrer Position deutlich von einer anderen Menschengruppe abgehoben.

2. Eine weitere Teil-Szene ist hauptsächlich links vom Kreuz und darunter zu sehen. Eine Reihe von Menschen, die miteinander durch Berührungen sowie Gesten und Körperhaltungen quasi als eine Kette vorgeführt werden.

Am markantesten ist das – wiederum fotographisch genaue – Gesicht von Luther am linken Bildrand zu erkennen. Er bildet die Mitte der Personenreihe, die vom Kreuz zu ihm führt. Auf die Vorgeschichte der Kreuzeszeugen weist er mit der linken Hand. Mit dem Gesicht sowie der Geste seiner rechten Hand wendet er sich jedoch denen zu, die ihm in der Reihe nachfolgen. Die Vorgeschichte ist für diejenigen erkennbar, die biblische Geschichten gelernt haben. (Gemeint sind wohl drei spezielle Personen: 1. Johannes der Täufer direkt unter dem Kreuz auf Jesus weisend; 2. der Jünger Johannes, der sich der Mutter Jesu zuwendet; sowie 3. die Mutter Maria). Die Teilgruppe zu Luthers rechter Hand ist nicht so deutlich zu erkennen.

Bearbeiteter Ausschnitt aus Foto O. Rheinländer 1938 (HAA)

Wahrscheinlich soll in der Mitte unter dem Kreuz der Direktor für Damalige erkennbar gewesen sein. Von ihm im Arm gehalten wäre dementsprechend seine Frau. Ob die beiden Personen vor und hinter dem Paar für irgendwelche damals identifizierbare Menschen stehen oder andere „Alsterdorfer" andeuten sollen, dafür gibt es nur Vermutungen. Nachvollziehbare Anhaltspunkte sind nicht vorhanden. Vermutlich soll wohl insgesamt eine sich fortsetzende Reihe von Jesus-Nachfolgenden angedeutet werden. Die alte Symbolzahl kommt von den 12 Jakob-Söhnen, aus denen nach der Hebräischen Bibel die Stämme Israels wurden. Die Zahl der 12 Jünger im Neuen Testament sowie die weiteren Nachfolger der Jesus-Bewegung haben sich daran orientiert.

3. Ob die beiden Personen ganz unten rechts zur 2. Teil-Szene der Jesus-Nachfolgenden direkt zugehörig anzusehen sind, ist einerseits daher naheliegend. Für die Benennung der Inhalte in dem Bild ist es jedoch andererseits hilfreich, sie als 3. Teil-Szene erst einmal getrennt zu nennen.

Im Unterschied zu den vorangehenden Personen in der 2. Teil-Gruppe ist eine andere Art der Personen-Beziehungen zu sehen:

Eine deutlich behinderte, wohl unbekleidete Person wird von einer pflegenden Kraft mit in ihr Gewand genommen und gehalten. Letztere wendet sich mit dem Gesicht der im Arm geborgen gehaltenen Person zu und weist mit der freien rechten Hand auf den Gekreuzigten. Mit einer ähnlichen Ausrichtung seines unbekleideten Arms nimmt die andere Person die Geste z.T. auf. Die Handhaltung zeigt dabei möglicherweise an, dass sie Zuwendung in Richtung auf sich selbst wünscht.

Diese 3. Teil-Szene war 1938 rechts neben dem Altar im Unterschied zu den in der Reihe der 2. Szene vorangehenden Personen vollständig sichtbar. Eine solche formale Heraushebung war nach der teilweise verdeckten Menschen-Kette eine in der Gesamtkonzeption geplante Position. Durch die spätere Entfernung des Altars ist diese Teil-Szenen-Gliederung jedoch ebenso wie die Heiligenscheine in den Darstellungen der biblischen Erzählungen auf den fünf Kupfer-Bildern aus dem Altarraum verschwunden. Der Weg zur doch sehr einfachen 12 + 3 Deutung, in der die Geschichtserzählungen des Altarraumbildes nicht mehr vorkommen, wurde so frei.

## 2.5 Die Besucherin aus den USA am Lern- und Gedenkort

2021/22 ist die Veränderung des Innenraums noch einen Schritt weiter vonstatten gegangen. Der jetzige umgestaltete Innenraum wurde am 11.4.2022 ohne Bild wieder eingeweiht. In einem Artikel, der mit „Wunder der Verwandlung wiedereröffnet" (= https://www.evangelische-zeitung.de/wunder-der-verwandlung-wiedereroeffnet/) überschrieben war, wurde darüber mit einem Foto aus dem Altarraum berichtet. Für die Besucher am 2.10.2022 war mit dem Gast Monica Leo nach der Besichtigung der fünf Bilder ihrer Mutter, Eva Dittrich, im neuen Innenraum das originale Wandbild von großem Interesse. Der Lern- und Gedenkort außerhalb lädt ein, um sich dazu eine eigene Meinung zu bilden.

Dieses „Wunder der Verwandlung" benötigte einen längeren Vorlauf und dauerte über ein Jahr. Die Vorbereitungen zur Heraustrennung und Bau einer stabilen Grube waren ab 2021 zu sehen (links).

Foto: Gleßmer (2021-04-30)

Das Wandbild musste mit der Mauer – und vor allem mit dem innen aufgetragenen Putz – herausgetrennt werden. Denn es wurde in einer besonderen künstlerischen Technik 1938 angefertigt. Mit Spachteln werden dabei in mehrere und noch feuchte, gefärbte Gips-Mörtel-Schichten die späteren Konturen frei gekratzt. Dadurch erscheinen die beabsichtigten Bildformen als farbige Kontraste in der großen Fläche.

Was genau dargestellt wird – und teils umstritten ist, das ist für Menschen auf der mittleren Betrachtungs-Ebene jetzt wieder gut aus der Nähe sichtbar.[15]

(rechts)

Das Umsetzen der alten Altarraum-Wand war zugleich mit einer 180°- Drehung und Absenkung verbunden. Die Mitte des ehemaligen Altarraum-Bildes liegt jetzt auf der Betrachtungs-Ebene.

Foto: Gleßmer (2022-04-28)

Zuvor war es während vieler Jahre (durch verschiedene davor gebrachte Objekte) nur in Brechungen erkennbar.

---

[15] Eine gute Aufnahme von A. Nordmeier findet sich im ESA-Magazin (2022) Heft 1 S. 36.

Die oben vorgenommene Szenen-Gliederung ist von der Betrachtungs-Ebene des 2022 translozierten Wandbildes für die 1. und 2. Szene deutlich. Die 3. Teilszene ist jedoch durch die jetzige Position der unteren Bildhälfte im Trog schwerer zu sehen, als es neben dem Altar 1938 möglich war. Für die Frage nach den Heiligenscheinen ist dafür sehr gut der obere Bildbereich besser zu sehen – quasi als Hintergrund der nicht direkt sichtbaren himmlischen Welt: vier Engelwesen und über allem eine Geist-Taube. Sie gibt dem Ganzen ihren hintergründigen Sinn: im Bekenntnis zur „Gemeinschaft der Heiligen".

Den zeitgeschichtlichen NS-Kontext ebenfalls als einen Faktor der Deutung zu bedenken, ist für den Zeitpunkt der Einweihung ein nicht zu vernachlässigender Gesichtspunkt. Am jetzigen Gedenkort sind 538 Personen meist in Fotos dargestellt und als Opfer der „Euthanasie" namentlich genannt. Sie wurden in den Jahren ab 1940 in den Zielorten ihrer Deportationen zu Tode gebracht und mahnen zum Gedenken und zum Lernen: Wie konnte es dazu kommen?

Nicht ausreichend ist es jedoch, eine Zuschreibung zur Produktion des Bildes an den ehemaligen Direktor Pastor F. Lensch vorzunehmen. Er hat sich in seiner Einweihungspredigt am 19.10.1938 ausdrücklich gegen eine ringsum vertretene NS-Meinung ausgesprochen:

> „… die Welt draußen … sagt … nur das eine: ‚Gebt ihnen einen sanften Tod!' Das ist alles, was die Welt für euch bereit hat, wogegen wir immer wieder auftreten und kämpfen müssen im Gehorsam gegen unseren Herrn …"

Auch wenn die Einweihungspredigt am Lernort nicht gezeigt wird, sondern eine indirekte Vorbereitung des „Euthanasie"-Denkens vermutet wird, so wirkt diese Deutung an das Bild herangetragen. Lässt sich tatsächlich aus der Zahlen-Stereotype der 12 + 3 und über das „Fehlen" der Heiligenscheine durch den Begriff der „Wertigkeit" ein nahegelegter Bezug zu „unwertem Leben" aus dem Altarbild ableiten? Für unvoreingenommene Betrachtung fehlen in der Zählung zumindest auch die Heiligenscheine im mit zu deutenden „himmlischen Hintergrund".

Die oben vorgeschlagene Deutung des Bildes ändert nichts daran, dass an den schrecklichen „Euthanasie"-Morden die ehemaligen Alsterdorfer Anstalten und ihr Direktor einen schuldbeladenen Anteil haben: sie haben die Verlegungen in andere Anstalten zugelassen, durch die das mörderische NS-Programm ab 1940 realisiert wurde. – Ist jedoch die Nutzung des Altarbildes aus dem Jahr 1938 für eine Meinungs-Bildung zu den Hintergründen des geschehenen Unrechts geeignet?

Erste Umgestaltungsplanungen der Kirche existierten bereits zwei Jahre früher, wie eine Zeichnung der „Hausarchitekten" Distel & Grubitz belegt. Je näher das 75jährige Jubiläum 1938 kam, desto mehr wird die Idee zu einer Verbindung mit der Anstalts-Geschichte wichtig geworden sein. – In der näheren Umgebung des Alstertales gestaltete der ortsansässige Architekt und gelernte Dekorationsmaler Bernhard Hopp zu dieser Zeit 1937/1938 mehrere Kirchen mit seinem Kompagnon Rudolf Jäger. Hopp hatte selbst 1934 bereits einen Altarraum-Entwurf in Geesthacht realisiert und in Kratzputz-Technik ausgeführt. Nach planerischen

Gesprächen zwischen dem Architekturbüro „Hopp und Jäger" mit Pastor F. Lensch ist im Juni 1938 eine gemeinsame Konzeption zur Umgestaltung von St. Nicolaus in Auftrag gegeben worden. Neben Hopps ehemaliger Dekorationsmalerei-Lehrfirma (G. Dorén) wurde auch eine Detail-Ausmalung (wohl einiger Gesichter) durch F. Lensch für das Wandbild vorgesehen. Die Metallkünstlerin Eva Dittrich war Hopp bereits aus vorherigen Projekten bekannt.[16] Er konnte sie kurzfristig für die zum 19. Oktober fertig zu stellende Jubiläums-Ausgestaltung gewinnen.

Ihr weiteres Ergehen und ihre Kupfertreibarbeiten sollten nicht in Vergessenheit geraten (siehe dazu die Fotos unter https://de.wikipedia.org/wiki/Eva_Dittrich; weitere Details zu den geschichtlichen Hintergründen siehe unter www.huj-projekt.de – bzw. dort unter …/publikationen.php sowie …/downloads/Briefe_u_Bilder_aus_Alsterdorf_1938-2_Jubil.pdf und …/downloads/Mit-Leiden_an_Alsterdorf_2019.pdf).

---

[16] Speziell in *Gleßmer / Lampe (2016²)* S. 123ff „8.3 Zusammenarbeit mit der Künstlerin Eva Dittrich".

# 3  Dokumentationen

Zur Ergänzung des Gedenk- und Lernortes ist es nötig, Informationen denjenigen Menschen zugänglich zu machen, die dort ins eigenständige Nachdenken kommen. Vor allem sind es Originaltexte, die helfen sich einzudenken. Dabei spielen allerdings auch Barrieren eine Rolle, die jedoch zu überwinden sind. Möchte jemand die Einweihungspredigt selbst lesen, so ist neben der Verfügbarkeit vor allem die Schrift der Originaltexte ein Hindernis. Denn gerade im Bereich der Kirche ist die Verwendung der Frakturschrift bis in die 1960er Jahre für Bibel, Gesangbuch und andere Veröffentlichungen üblich gewesen. Diese Schrift stellt gerade für jüngere Menschen ein Hindernis oder zumindest eine Abschreckung dar. Deshalb soll die Einweihungspredigt vom 19. Oktober 1938 vollständig in der heute üblichen Computer-Druckschrift unten wiedergegeben werden. Sie enthält die damaligen Erklärungen von Pastor F.K. Lensch zum neuen Altarbild. Dazu auch eine vorangestellte längere Passage, in der vom Umbau nach den Plänen der Architekten B. Hopp und R. Jäger weitere Einzelheiten aufgezählt werden. Außerdem geht es um die damals verfügbaren Fotos von O. Rheinländer und das Weihnachtsbild von Eva Dittrich – sowie in Abschnitt 3.2 um die Darstellungen auf den fünf großen Farbaufnahmen von 2016.

Für diejenigen, die sich von der Schrift nicht abschrecken lassen, sei auf die Online-Verfügbarkeit von Texten wie die der Originalquelle der Weihnachtspredigt im „Jubiläumsbericht" verwiesen. Auch weitere wichtige Texte von F.K. Lensch, die im Internet gelesen oder von dort heruntergeladen werden können, sind z.T. unter den Kurztiteln / Literatur genannt oder mit in die folgende Liste aufgenommen. Sie beginnt mit einem von ihm herausgegebenen Textband von 1932, in dem Lensch auch die Familien-Geschichte von H.M. Sengelmann geschildert hat – u.a. mit Fotos von Sengelmann (S. 2) sowie von seinen beiden Frauen (Adele S. 8) und (Jane S. 14). Diesen Bildband zusammen mit dem ersten BuB-Heft 1938 „Zum 75jährigen Jubiläum am 19. Oktober" (s.u.) bekamen auch alle Gäste der Einweihungsfeier mit der Einladung zugesandt. So konnten sie Abbildungen im Wandbild wiedererkennen:

- Die Alsterdorfer Anstalten in Wort und Bild; 1932 [Sonderheft]
   = http://resolver.sub.uni-hamburg.de/goobi/PPN77000069X
- Briefe und Bilder aus Alsterdorf; 55. / 56. Jahrgang 1931 / 1932
   = www.huj-projekt.de/downloads/Briefe_u_Bilder_aus_Alsterdorf_1931f.pdf
- Briefe und Bilder aus Alsterdorf; 57. Jahrgang 1933
   = www.huj-projekt.de/downloads/Briefe_u_Bilder_aus_Alsterdorf_1933.pdf
- Briefe und Bilder aus Alsterdorf; 58. Jahrgang 1934
   = www.huj-projekt.de/downloads/Briefe_u_Bilder_aus_Alsterdorf_1934.pdf
- Briefe und Bilder aus Alsterdorf; 59. Jahrgang 1935
   = www.huj-projekt.de/downloads/Briefe_u_Bilder_aus_Alsterdorf_1935.pdf
- Briefe und Bilder aus Alsterdorf; 60. Jahrgang 1936
   = www.huj-projekt.de/downloads/Briefe_u_Bilder_aus_Alsterdorf_1936.pdf
- Briefe und Bilder aus Alsterdorf; 61. Jahrgang 1937
   = www.huj-projekt.de/downloads/Briefe_u_Bilder_aus_Alsterdorf_1937.pdf
- Briefe und Bilder aus Alsterdorf: Zum 75jährigen Jubiläum am 19. Oktober 1938
   = www.huj-projekt.de/downloads/Briefe_u_Bilder_aus_Alsterdorf_1938-1_Zum_75j.pdf
- Briefe und Bilder aus Alsterdorf: Jubiläumsbericht (Weihnachten 1938)
   = www.huj-projekt.de/downloads/Briefe_u_Bilder_aus_Alsterdorf_1938-2_Jubil.pdf

# 3.1 „Briefe und Bilder – Jubiläumsbericht" von 1938

Die „Briefe und Bilder aus Alsterdorf" (= BuB) aus der NS-Zeit enden mit dem Jubiläumsbericht, der zu Weihnachten 1938 versandt wurde. Darin ist u.a. das „Weihnachtsbild" aus dem Altaraufsatz von Eva Dittrich abgebildet (siehe dazu auch unten 3.2.2). Vom folgenden Jahr an war durch den Zweiten Weltkrieg die Herstellung der BuB nicht mehr möglich. P. Lensch, der vor seiner Alsterdorfer Zeit als Seemannspastor zeitweilig in England gelebt hatte und fließend diese Sprache beherrschte, wurde zum Militär-Geheimdienst einberufen und kehrte erst in der Weihnachtszeit 1940 nach Alsterdorf zurück.

Die aus der Zeit davor ab 1931 verfügbaren Hefte der BuB bieten eine wichtige Quelle – z.B. zur künstlerischen Gestaltung, Besucherzahlen, Vorstandsmitgliedern, Konfirmationen u.a. von Menschen mit Behinderung, aber auch zur veröffentlichten Haltung zu Eugenik und gegenüber „Euthanasie"). Die folgenden Textpassagen sind alle dem „Jubiläumsbericht" entnommen.

## 3.1.1 Das Weihnachtsbild von Eva Dittrich

Das Heft BuB 1938 Jubiläumsbericht ist ein Weihnachtsheft: Dem einleitenden Artikel „Frohe Weihnacht!" (S. 1) ist die Weihnachts-Abbildung vorangestellt, die auf der vorangehenden Seite näher bezeichnet wurde. Dort findet sich auf der inneren Heftdecke die Beischrift:

> „Nebenstehendes Weihnachtsbild ist eine der Tafeln von dem neuen Altar der Alsterdorfer Kirche und ist geschaffen von der Künstlerin *Eva Dittrich*, Hildesheim."

Das Foto stammt wahrscheinlich ebenfalls von Otto Rheinländer. Es ist aber nicht im Bestand des Hamburgischen Architekturarchivs (= HAA) erhalten. – Die unten im Abschnitt 3.2. gebotenen modernen Farbfotos der fünf Tafeln sind an der ehemaligen Kanzel am 12.2.2016 aufgenommen.

## 3.1.2 Fotos vom Innenraum von Otto Rheinländer

BuB 1938 Jubiläumsbericht S. 3 enthält ein frontal durch den Mittelgang (mit Bankseiten) zum Altarraum aufgenommes Foto [= HAA_ORh_012.12-4_Nr_1_(0355)] und S. 5 mit Kanzel, Bänken, Beleuchtung und Nische rechts vor der Kanzel eine weitere Innenaufnahme [= HAA_ORh_012.12-4_Nr_2_(0356)].

Aus dem frontal aufgenommenen ORh-Foto ist der auf der nächsten Seite folgende Ausschnitt entnommen. Er zeigt in scharz-weiß, was Kirchenbesucher*innen 1938 auch von ihren entfernteren Sitzplätzen aus sehen konnten. Unter anderem sind von den Details oberhalb und neben dem Kreuz die folgenden Konturen sichtbar:

Die Geist-Taube über allem;

vier Engel, die mit einem Kreis in genau derselben Größe durch das „Geist-Symbol" wie bei der Taube gekennzeichnet sind;

diese fünf Kreise sind zwar im hellgrauen Farbton wie die Gewänder gestaltet;

sie haben jedoch ebenfalls die Größe wie die hellen Heiligenscheine bei den Personen unter dem Kreuz.

Vermutlich sind diese Konturen des Hintergrundes ein Verweis auf „Gemeinschaft der Heiligen", von der beim Glaubensbekenntnis und Abendmahl die Rede ist.

### 3.1.3 Zur Renovierung der St. Nicolauskirche

In BuB 1938 Jubiläumsbericht S. 4 wird die Renovierung beschrieben:

„Nachdem fast alles andere, was unmittelbar der körperlichen Pflege der Menschen dient, auf die den Anforderungen der Zeit entsprechende Höhe gebracht war, war es gleichsam nur ein Dankopfer, auch unsere Kirche neu zu schmücken. Nach den Entwürfen der Architekten Hopp & Jäger wurde der Innenraum in seiner schönen, ursprünglichen Klarheit und Schlichtheit durch einen ruhigen, hellen Anstrich neu belebt; durch Erneuerung der zum Teil schadhaften Fenster und durch neuartige, dem Raum entsprechende Beleuchtungskörper wurde bei aller Schlichtheit die Würde des Raumes betont. Der hölzerne Altar mit der seinerzeit eigentlich nur als Provisorium gedachten Rückwand wurde durch einen steinernen ersetzt, über den ein hölzerner Altarschrein mit den in Kupfer getriebenen Darstellungen der christlichen Freudenfeste sich erhebt. Auf der Rückwand hinter dem Altar erhebt sich, den ganzen Raum beherrschend, das Bild des Gekreuzigten, zu dem sich alle Gedanken und Blicke der notleidenden und verzweifelten Menschen richten und von dem das tröstende Licht der Erlösung, die Kraft der Liebe und des Glaubens und die Strahlen der Hoffnung ausgehen, die uns die Kraft geben zu der Arbeit, in der wir stehen.

Unter den Gestalten, die flehend und hoffend zugleich einander den Weg zum Kreuz führen, stehen u.a. Luther, der uns den Weg wies zum Glauben, der in der Liebe tätig ist, und, unmittelbar unter dem Kreuz, Vater Sengelmann mit einem seiner ersten Zöglinge, als der, der unter dem Kreuz den Mut gewann, auch diese tiefste Menschennot anzupacken, und der auch die ärmsten der Armen unserem Heilande zuführte und sie als seine ‚Kleinode' zu sehen lehrte. Umschattet wird die Gruppe von Engeln und Erzengeln, von denen Michael ritterlich schützend und schirmend für die Schwachen eintritt und Gabriel als Verkünder der Frohbotschaft des Evangeliums einer sorgenerfüllten Mutter Trost zuspricht. So soll das ganze Bild nichts anderes sein als ein schlichtes Bekenntnis zu dem Wort, das vorher dort stand: ‚Kommet her zu mir, alle!' und zu dem Wort, das Sengelmann über seine Lebensarbeit setzte: ‚Die Liebe Christi dringet uns also.'

Dieses Vermächtnis bildet den Grundklang des Festgottesdienstes, mit dem dieser Tag begann. Festglocken und Posaunenklänge machten am frühen morgen schon den Mittwoch zum Sonntag. Selbstverständlich war das Gotteshaus viel zu klein, um alle aufzunehmen, die sich mit uns freuten. ...“

### 3.1.4 Die Einweihungspredigt vom 19.10.1938

Die Bemerkungen über die Renovierung und den Gottesdienst-Beginn stehen dem Lesungstext aus dem 2.Korintherbrief 4,1-18 (BuB 1938 Jubiläumsbericht S. 4-6) sowie der folgenden Einweihungspredigt (S. 6-8) voran. Neben der Erklärung einiger der Personen, deren Gesichter genau ausgemalt sind (Luther, Sengelmann mit einem der Zöglinge, Mutter mit Kind), sind es die beiden Erzengel, die namentlich genannt werden (Michael und Gabriel) und deren Interpretation auch im weiteren Verlauf der Deutungen meist nicht strittig ist.

Schwieriger ist die Sicht auf die als Pastor F.K. Lensch und seine Frau identifizierten Personen. Der dunkelhaarige und rechts gescheitelte Lensch-Kopf ist aus den frontalen Abbildungen des jungen Direktors bekannt und auch auf Fotos von hinten zu erkennen. So etwa auf einem Bild von einem Flaggenappell, wo in zentraler Position neben dem Flaggenmast eine Person im zivilen Anzug neben einer Formation von NS-Uniformierten (DAF und SA) zu sehen ist.[17] Die Ausrichtung des Paares auf das Kreuz hin hat zu Überlegungen geführt, ob das eine angemessene Haltung gegenüber der Gemeinde sei. Doch muss man sich in Erinnerung rufen, dass die Wendung zum Altar und Altarkreuz eine traditionelle Geste ist, die den Geistlichen nicht nur in früheren Zeiten wichtig war.[18] Seine Einweihungspredigt folgt hier vollständig:

„Liebe Festgemeinde!

Mit tiefer Dankbarkeit begehen wir heute das 75jährige Jubiläum unserer Anstalten. Dankbar sind wir vor allem dafür, daß wir das Fest feiern dürfen in einer Zeit des Friedens. Ja, daß wir es überhaupt feiern dürfen nach den bangen Tagen, da die Wolken der Kriegsgefahr den Horizont des Friedens umdüsterten, daß Gott uns seine Gnadensonne wieder scheinen läßt und uns den Frieden wiedergeschenkt hat und uns heute in dieser Freude und Dankbarkeit den Blick auf das Werk lenken läßt, in dem wir arbeiten und helfen dürfen.

Wir schauen zurück auf die Tage, da in unserem Nicolaistift und im Hause Schönbrunn, weit von der Stadt entfernt in der Stille der Einsamkeit, die Arbeit als ein Samenkorn wuchs und auf die lange Zeit des Werdens und Gedeihens, der vielen schweren Jahre, wo wir trotz aller Sorge und Befürchtung auch wieder hilfsbereite Freunde und Nachbarn fanden, daß die Anstalt wuchs und Gott uns immer wieder neue Möglichkeiten zeigte, dieses Werk zu erhalten. So ist die Schar der vier Knaben heute gestiegen auf über 1600, die zusammenstehen als eine große Gemeinde.

Vor uns steht das Bild Vater Sengelmanns. Idiotophilus nannte er sich gern, d.h. Freund der Blöden, der geistig Gebrechlichen. Aber wir sehen nicht nur einen Menschen, der ein warmes Herz hat, sondern über ihm unseren Gott und Heiland, dessen heiliger Liebeswille in das Werk der Anstalten hineingelegt wurde, als dessen Diener Vater Sengelmann die Anstalten gestiftet und ihren inneren Grund festgelegt hat. Er hat ein Vermächtnis aufgerichtet. Wir werden daran nicht rütteln können und dürfen. Am 19. Oktober 1888, am 25. Jubiläumstage, sagt er:

„Wir freuen uns, daß auch der Menschen Gunst, namentlich das Wohlwollen der Behörden und Obrigkeit uns bisher nicht fehlte, wir wissen aber, daß dies nicht ohne den der Fall war, welcher der Menschen Herz lenkt wie Wasserbäche. So möge die Gnade des Herrn auch in der Zukunft Tagen fortfahren zu walten. Nie aber komme die Zeit, wo menschliches Regiment hier das höchste ist, sondern durch die Gnade Gottes bleibe unsere den Elenden und Armen geweihte Anstalt eine Anstalt jener freien Liebe, die von dem Helden von Golgatha ausgeht. Und das möge hiervon das Zeugnis sein, daß auch in den nächsten 25 Jahren auf dem Banner der Anstalten geschrieben stehe und die Losung

---

[17] Zur mehrfachen Falschdatierung dieses Fotos auf 1935 siehe die Nachweise für ein späteres Datum durch das zu sehende und erst 1937/1938 neu gebaute Wohnhaus im Hintergrund bei Gleßmer / Lampe (2019) S. 329.

[18] Siehe etwa in einem Beitrag von C. Markschies vom 24.3.2012 „Wie katholisch ist die Evangelische Kirche?" S. 19 zu diesem Thema. [https://www.antikes-christentum.de/fileadmin/ _migrated/tx_nimediathek/Wie_katholisch_ist_die_Evangelische_Kirche.pdf].

aller ihrer Arbeiter laute: Die Liebe Christi dringet uns also. Sollte das aber nicht sein, sollte die Anstalt einem anderen Geiste ihre Türen öffnen, dann lasse der Herr lieber den Tag kommen, wo kein Stein auf dem anderen bleibt.

Der letzte Stein aber sei dann ein Zeugnis, daß in den ersten 25 Jahren es hier geheißen habe: Alles und in allen Christus! Mit Gott wollen wir Taten tun!"

So war das Vermächtnis des Stifters dieser Arbeit, vor dem wir in tiefer Ehrfurcht stehen müssen. Es war darum angesichts dieses Jubiläums eine innere Pflicht, unseren Pflegebefohlenen zuliebe, daß wir auch unsere Kirche nun neu schmücken und herrichten. Wir wissen, daß wir in manchen, die an die alte Kirche gewöhnt waren, eine kleine Bitterkeit im Herzen erwecken, und ich bitte Sie alle herzlich, nicht böse zu sein. Wir wissen, daß es schwer ist sich umzustellen. Aber es ist heute nicht möglich, nur rückwärts zu schauen. Es stehen so viele am Wege, die freilich der Ansicht sind, daß wir nur rückwärts schauen dürfen, und die da sagen: Ihr habt keine Zukunft mehr. Wir haben es hier erleben dürfen, daß Gottes Segen Kraft und Güte noch bei uns ist; und auch die heutige Feier ist ein lebendiges Zeugnis davon, daß noch immer von dem Helden von Golgatha ausströmt der helle Schein, den uns Gott ins Herz gegeben hat, und daß wir frohen und gewissen Mutes in die Zukunft blicken dürfen.

Ihr habt ein Recht zu fragen: Was soll dieses neue Altarbild bedeuten? Was sollen die Heiligenscheine der Dargestellten besagen? Wir sind doch nicht katholisch, wir kennen doch als Evangelische keinen Heiligenkult. Als ich als Student in Süddeutschland war, hatte ich einmal eine Unterhaltung mit katholischen Volksgenossen, die im Laufe eines längeren Gesprächs eben hierauf hinwiesen: Ihr Evangelischen habt keine Heiligen und den Heiligen Geist nicht. Als ich jedenfalls dem letzteren widersprach, wurde mir entgegengehalten, daß der Heilige Geist nur durch Handauflegung bei feierlicher Amtsverleihung und Priesterweihe weitergegeben würde. Da mischte sich ein anderer ein und sagte: Unser Pfarrer hat uns gelehrt, daß auch die Evangelischen heiligen Geist haben, da zur Zeit der Reformation auch Priester und Bischöfe übergetreten seien. Aber da in der evangelischen Kirche nicht darauf geachtet würde, könnte man das heute nicht mehr feststellen. So gebunden an menschliche Handlungen kennen wir allerdings in der Kirche den Heiligen Geist nicht, und doch glauben wir an ihn. Aber wie in der Schrift geschrieben steht:

,Du hörst sein Sausen wohl, aber du weißt nicht, von wannen er kommt und wohin er fährt.'

Wir wissen, daß sich Gottes Geist nicht binden und formen läßt, daß er hier und da ein Menschenherz erleuchtet und die Flamme entfacht zur heiligen Begeisterung in Wort und Tat und daß wir gerade in der evangelischen Kirche viele solche Männer haben, die mit ihren Taten der Liebe ein leuchtendes Zeugnis ablegen können.

Freilich, wir kennen keine Werkheiligen, die auf Grund ihres sündlosen Wandels und ihrer Wundertaten von einer berufenen Versammlung geprüft und für heilig erklärt werden. Wir predigen das Kreuz Christi und kennen nur Heiligkeit unter dem Kreuz und durch die Vergebung, die uns von dort her verkündigt wird. Nur durch Gottes erbarmende Liebe, nur im Lichte des Kreuzes dürfen wir uns seine Heiligen nennen, d.h. die, die ihm gehören. Und nur so haben wir den Mut, hineinzuleuchten in das Dunkel des Elends. Nichts anderes bewegt uns als die Liebe Christi, die sich unser auch erbarmt hat. Wir wissen wohl, daß, wie der Apostel Paulus in diesem [Lesungs-]Textwort sagt, uns der Schatz nur gegeben ist in irdenen Gefäßen. Wenn es nach unserem alten Adam ginge, würden auch wir gar nicht den Mut haben, solch ein schweres, hoffnungsloses Werk anzufassen, wenn eben der helle Schein nicht wäre, der vom Kreuz herkommt und uns immer wieder hineintreibt in die Arbeit, und da können wir mit dem Apostel fröhlich bekennen:

Wir haben allenthalben Trübsal, aber wir ängsten uns nicht. Uns ist bange, aber wir verzagen nicht. Wir leiden Verfolgung, aber wir werden nicht verlassen. Wir werden unterdrückt, aber wir kommen nicht um und tragen allzeit das Sterben unseres Herrn Jesu an unserem Leibe, auf daß auch das Leben des Herrn Jesu an unserem Leibe offenbar werde.

Liebe Pflegebefohlenen, wir sind eure Knechte und Diener, wo auch immer wir beschäftigt sind. Ob draußen in Stegen oder in der Abteilung, ob in der Schule oder im Krankenhaus, ob wir Häuser bauen oder die Kirche schmücken, es ist alles euch zuliebe, euch zu Dienst. Es ist nicht, daß wir, die wir euch führen, schulen und pflegen, euch beherrschen wollen, sondern es geschieht, um in euch alle Kräfte zu wecken und in Ordnung, Zucht und Frieden euch glücklich zu machen.

Was sagt die Welt draußen zu dieser Arbeit? Hört doch einmal hinein! Sie ist voll Verachtung, sie lacht über die Narren, Krüppel und Geistesschwachen und spricht in hochfahrender, grenzenloser Kälte über die, die doch für ihr Leid nicht können; und wenn sie hier und da Mitleid hat, so sagt sie nur das eine: „Gebt ihnen einen sanften Tod!" Das ist alles, was die Welt für euch bereit hat, wogegen wir immer wieder auftreten und kämpfen müssen im Gehorsam gegen unseren Herrn, der gerade euch, die ärmsten der Armen, am liebsten hat und spricht:

„Was ihr getan habt einem unter diesen meinen geringsten Brüdern, das habt ihr mir getan."

Darum solltet gerade ihr euren Heiland, der euer bester Freund ist, um so lieber haben. Er ruft euch zu sich, alle, die ihr mühselig und beladen seid.

Auf sein Geheiß und durch seine Liebe hat Vater Sengelmann den Weg gefunden zu den ersten vier Knaben, die er hier um sich sammelte. Das Bekenntnis seines Lebens hat er niedergelegt in den Worten:

„Die du mir beschieden, man hat sie hienieden
betrachtet wohl oft als den Kehricht der Welt.
Mir hat dein Erbarmen die ärmsten der Armen
als deine Kleinode vor Augen gestellt."

In dem Licht des Kreuzes von Golgatha seid ihr nicht die Verspotteten und Verachteten, sondern Kleinode unseres Herrn. Und darum soll auch der heutige Tag ausklingen in den Worten unseres [Lesungs-]Textes:

‚Unsere Trübsal, die zeitlich und leicht ist, schafft eine ewige und über alle Maßen wichtige Herrlichkeit uns, die wir nicht sehen auf das Sichtbare, sondern auf das Unsichtbare. Denn was sichtbar ist, das ist zeitlich; was aber unsichtbar ist, das ist ewig.' "

## 3.2  Alle fünf Kupfertreibarbeiten von Eva Dittrich

Zu den Abbildungen von Eva Dittrich ist es hilfreich, Erläuterungen hinzuzufügen, ähnlich wie bei dem Wandbild aus dem ehemaligen Altarraum. 1938 waren andere Dinge bekannt, als sie in der Gegenwart vorauszusetzen sind.

### 3.2.1  Jesu Einzug in Jerusalem

"Einzug in Jerusalem" ist eine Überschrift, die den Anfang vom Ende der Berichte über Jesus anzeigt. Diejenigen, die damals biblische Geschichten kannten - vielleicht auch aus Kinderbibeln mit Bildern - waren Erzählungen über und von Jesus bekannt. Er hatte einige Jahre im Norden des Landes gewirkt, gepredigt und Geschichten erzählt. Um den See Genezareth waren er und auch seine Gefährten, die zwölf Jünger, zu Hause. Die Reise in den Süden nach Jerusalem hatten sie zum Passa-Fest und zum Tempel in Jerusalem unternommen. Darauf beziehen sich auch die vier Geschichten in den Evangelien, die vom "Einzug in Jerusalem" berichten.[19]

In den christlichen Gottesdiensten wird daraus "alle Jahre wieder" an festen Tagen vorgelesen - unseren Fest-Tagen. - Diese Geschichte kommt sogar zweimal dran: am ersten Advent und am Anfang der "Kreuzigungs-Woche". Das ist die besondere Woche, in der Jesus zum Tod am Kreuz verurteilt wurde und nachher Ostern vom Tod auferstand. Sie beginnt mit dem sogenannten "Palm-Sonntag", der nach den Palmen in der folgenden Geschichte seinen Namen hat.

Dieser kürzeste der vier Texte aus dem Johannes-Evangelium nennt nicht alle bekannten Einzelheiten. Ebenso bildet das Bild von Eva Dittrich eine Art Momentaufnahme:

> Joh 12,12-16: " ... es hörte die Volksmenge, die sich zum Fest eingefunden hatte, Jesus komme nach Jerusalem. Da nahmen sie Palmzweige, zogen hinaus, um ihn zu empfangen, und riefen: Hosanna! Gesegnet sei er, der da kommt im Namen des Herrn, der König Israels!

> Jesus fand einen jungen Esel und setzte sich darauf - wie es in der Schrift heißt: Fürchte dich nicht, Tochter Zion! Siehe dein König kommt; er sitzt auf dem Fohlen einer Eselin."

# 3.2.2 Das Weihnachtsbild

Die Weihnachtsgeschichte ist wahrscheinlich der bekannteste Text aus der Bibel, der alle "Jahre wieder" an einem Festtag vorgelesen wird. Anders als beim "Einzug in Jerusalem" gibt es davon nur eine Erzählung - im zweiten Kapitel des Evangeliums nach Lukas. Danach musste das junge Paar, Maria und Josef, auch aus dem Norden des Landes in den Süden reisen, nach Bethlehem südlich von Jerusalem. Allerdings fanden sie keine Unterkunft, wo sie sich hinlegen konnten. Eine solche Möglichkeit brauchten sie unbedingt und nicht nur zum Schlafen. Denn Maria sollte ihr erstes Kind bekommen. Die einzige Gelegenheit bot eine Stallung. Dort war auch eine Futterraufe für die Tiere. Die benannte man in der Sprache früher als "Krippe". Darein konnte Maria dann den neu geborenen Säugling legen, der den Namen Jesus bekam. Nicht weit davon waren Hirten, die eine Licht-Erscheinung von Engeln erlebten. Diese verkündigten ihnen, dass der Retter, der Christus, geboren sei. Als besonderes Erkennungs-Zeichen soll den Hirten u.a. die Krippe dienen:

> "Als die Engel sie verlassen hatten und in den Himmel zurückgekehrt waren, sagten die Hirten zu einander: Kommt, wir gehen nach Bethlehem, um das Ereignis zu sehen, das uns der Herr verkünden ließ. So eilten sie hin und fanden Maria und Josef und das Kind, das in der Krippe lag.".

---

[19] Mk 11,1-11; Mt 21,1-11; Lk 19,28-38; Joh 12,12-16.

(auch in BuB 1938 Jubiläumsbericht S. 1)

### 3.2.3  Das Osterbild

Auch vom Oster-Ereignis gibt es mehrere Geschichten.[20] Die Menschen, die den Tod Jesu am Kreuz mit erlebt haben, waren natürlich traurig. Der tote Jesus war beigesetzt worden. Das Grab war eine Fels-Höhle, in die die Toten gelegt wurden. Verschlossen wurde es nachher durch einen schweren Stein. Das Grab wurde sogar bewacht.

Zu den Trauernden gehörten auch seine Mutter Maria und der Jünger Johannes, die unter dem Kreuz im großen Wandbild hinter dem Altar dargestellt sind. Mehrere andere Frauen gehörten auch dazu. Sie wollten drei Tage später nach dem Grab sehen. Doch sie fanden es leer vor. Im Matthäus-Evangelium wird diese Situation wie folgt erklärt:

---

[20] Mk 16,1-8; Mt 28,1-8; Lk 24,1-10; Joh 20,1-2.

Mt 28,2-4: "Plötzlich entstand ein gewaltiges Erdbeben, denn ein Engel des Herrn kam vom Himmel herab, trat an das Grab, wälzte den Stein weg und setzte sich darauf. Seine Gestalt leuchtete wie ein Blitz, und sein Gewand war weiß wie Schnee. Die Wächter begannen vor Angst zu zittern und fielen wie tot zu Boden."

Diese Szene hat Eva Dittrich mit einem viereckigen Grab dargestellt.

HAA_ORh_028.12_(0570)

Vermutlich geht ihre Darstellung auf eine Skizze von B. Hopp zurück.

Denn auch in dem zur selben Zeit 1938 entworfenen Altaraufsatz im Neubau der Kirche Maria-Magdalenen hatte Hopp eine ähnliche Auferstehungsdarstellung mit einem leeren Grab anfertigen lassen. Ebenfalls unter einem Kreuzigungsbild mit der Text-Botschaft "Er ist auferstanden".

## 3.2.4 Himmelfahrt

Ähnlich wie zu den etwas unterschiedlichen Ostergeschichten gibt es auch mehrere Erzählungen zu dem Text,[21] der am Himmelsfahrt-Fest im Gottesdienst vorgelesen wird. Darin wird über die Zeit nach Ostern berichtet. Der auferstandene Jesus-Christus ist während dieser Zeit - 40 Tage nach Ostern - den trauernden Anhängern bei ihren Treffen wunderhaft erschienen. Dabei hat er auch mit ihnen gesprochen. An die letzte dieser Erscheinungen wird mit dem Fest "Christi Himmelfahrt" erinnert:

> Apg 1,8-10: "... Aber ihr werdet die Kraft des Heiligen Geistes empfangen, der auf euch herabkommen wird, und ihr werdet meine Zeugen sein in Jerusalem und in ganz Judäa und Samarien und bis an die Enden der Erde. Als er das gesagt hatte, wurde er vor ihren Augen emporgehoben, und eine Wolke nahm ihn auf und entzog ihn ihren Blicken."

---

[21] Mk 16,19; Lk 24,50-53; Apg 1,9-11; 2,33.

## 3.2.5 Pfingsten

Die angekündigte besondere Situation, dass die Kraft des Heiligen Geistes auch auf die Jüngerschaft Jesu herabgekommen ist, wird nicht mehr in den Evangelien berichtet. Sie enden jeweils mit Tod und Auferstehung Jesu. Aber einer der Autoren, der Evangelist Lukas, hat eine Fortsetzung seines Evangeliums geschrieben: die Apostelgeschichte. Dort wird der Anfang von dem geschildert, was alles nachher geschehen ist. Die Freunde Jesu kamen in Jerusalem in Häusern zusammen. Sie aßen gemeinsam und teilten, was sie hatten. Sie versuchten, weiter wie vor Ostern mit Jesus zu leben. Ein Unterschied war jedoch, dass nicht mehr zwölf Jünger da waren. Denn einer von ihnen hatte vor der Kreuzigung Jesus verraten. Für diesen, Judas, musste ein Nachfolger bestimmt werden, der auch schon vor Ostern mit Jesus vertraut war. Durch Los-Entscheid wurde zu den elf Zeugen ein zwölfter hinzu gewählt: Matthias. Im Verlaufe der Apostelgeschichte kommen noch weitere Personen hinzu. Als Sendboten sollte durch alle die

Botschaft vom auferstandenen Jesus Christus "bis an die Enden der Erde" getragen werden.

Das besondere Ereignis, das als "Geburtstag" der neu entstehenden christlichen Gemeinden gefeiert wird, schildert die Apostelgeschichte in ihrem zweiten Kapitel, das Fest "Pfingsten". Dort geht es um den angekündigten Empfang der "Kraft des Heiligen Geistes". Er ist entsprechend dem Sprachbild der "Zungen wie von Feuer" bei Lukas auch in der Darstellung von Eva Dittrich vor Augen geführt:

Apg 2,1-4: "Und es erschienen ihnen Zungen wie von Feuer, die sich verteilten; auf jeden von ihnen ließ sich eine nieder. Alle wurden mit dem Heiligen Geist erfüllt und begannen, in fremden Sprachen zu reden, wie es der Geist ihnen eingab."

# 4 Abkürzungen, Archivalien und Kurztitel / Literatur

## 4.1 Abkürzungen

| | | | |
|---|---|---|---|
| AA | Alsterdorfer Anstalten | H&J | Hopp & Jäger Architekten |
| BuB | Briefe und Bilder aus | KG | Kirchengemeinde |
| | Alsterdorf | KKA | Kirchenkreis-Archiv |
| DAF | Deutsche Arbeitsfront | KuK | Kunst und Kirche |
| DSA | Denkmalschutzamt | | (Zeitschrift) |
| | Hamburg | NS | Nationalsozialismus bzw. |
| ESA | Evangelische Stiftung | | nationalsozialistisch |
| | Alsterdorf (ab 1988) | ORh | Otto Rheinländer |
| EvHamb | Evangelisches Hamburg | SB | Sammelband |
| FS | Festschrift | StAHH | Staatsarchiv Hamburg |
| HAA | Hamburger Architektur- | URL | Uniform Resource Locator |
| | Archiv | | [für Internetadressen] |
| HambKZ | Hamburger | ZHG | Zeitschrift des Vereins für |
| | Kirchenzeitung | | Hamburgische Geschichte |

## 4.2 Archivalien

StAHH 213-12_0013_Band 072, p. 187-189 Anlage I „Das Gau-Diplom"
Nachlass Alfred Lampe – jetzt im Archiv KKHHOst (u.a. die bei den Kurztiteln
    aufgeführten Dokumente der ehemaligen Oberin Alma Förster (1947ff)
    sowie diverse Publikationen der AA bzw. ESA, Hefte von BuB, 'umbruch'
    und 'Wir Helfen') sowie Lampe (2013) Masch.
Bauakten des Kirchenkreises Hamburg-Ost
BuB 1931-1938 (Druck-Exemplare im Hamburgischen Architektur Archiv) (Zu den
    Online-Versionen siehe unten AA_(1931-1938) BuB die Angaben zu URLs)
DSA    Akte 39-407/179

## 4.3 Kurztitel und Literatur

AA_(1908) Bilder

    Alsterdorfer Anstalten (Hrg): Bilder aus den Alsterdorfer Anstalten [Sonderheft].- 1908
    [Online URL: http://resolver.sub.uni-hamburg.de/goobi/PPN77000069X)

AA_(1932) WuB

    Alsterdorfer Anstalten (Hrg): Alsterdorfer Anstalten in Wort und Bild [Sonderheft].- 1932
    [Online URL: http://resolver.sub.uni-hamburg.de/goobi/PPN657029246]

Aly (2013)

    Aly, Götz: Die Belasteten. 'Euthanasie' 1939-1945. Eine Gesellschaftsgeschichte.- S.
    Fischer Verlag Frankfurt/aM 2013 [= Lizenzausgabe für die Bundeszentrale für politische
    Bildung; Schriftenreihe Band 1375; Bonn 2013]

Dorén (1927) online

    Dorén, Peter Gustav: Trauerfeier für Richard Stettiner im Krematorium zu Ohlsdorf am 21.
    Dezember 1927.- URL: http://resolver.sub.uni-hamburg.de/goobi/HANSb21933

Engelbracht / Hauser (2013)

    Engelbracht, Gerda / Hauser, Andrea: Mitten in Hamburg. Die Alsterdorfer Anstalten 1945-
    1979.- Kohlhammer Stuttgart 2013

## ESA_Magazin (2022)

Evangelische Stiftung Alsterdorf: Erinnern für die Zukunft - Die Wiedereröffnung der St. Nicolaus-Kirche und die Einweihung des Lern- und Gedenkortes.- in: Magazin der Evangelischen Stiftung Alsterdorf Heft 1 (2022) S. 36-43

[Online https://www.alsterdorf.de/presse-downloads.html bzw.

https://www.alsterdorf.de/fileadmin/user_upload/images/presse-downloads/magazin-alsterdorf/alsterdorf_magazin_1-2022.pdf]

## Gleßmer / Jäger / Hopp (2016)

Gleßmer, Uwe / Jäger, Emmerich / Hopp, Manuel: Zur Biografie des Kirchenbaumeisters Bernhard Hopp (1893-1962): Ein Leben als Hamburger Künstler und Architekt Teil 1: Die Zeit bis zum Zweiten Weltkrieg.- [Beitrag zum Hopp-und-Jäger-Projekt Nr. 5].- Books on Demand, Norderstedt 2016

## Gleßmer / Lampe (2016[2])

Gleßmer, Uwe / Lampe, Alfred: Kirchgebäude in den Alsterdorfer Anstalten: Die Umgestaltungen der St. Nicolauskirche, Friedrich K. Lensch (1898-1976) und Deutungen des Altar-Wandbildes.- Books on Demand, Norderstedt [zweite, korrigierte und erweiterte Auflage] 2016

## Gleßmer (2017) ZHG

Gleßmer, Uwe: Rezension zu Wunder / Genkel / Jenner (2016[3]).- in: ZHG 103 (2017) S. 192-196

## Gleßmer / Lampe (2019)

Gleßmer, Uwe / Lampe, Alfred: Mit-Leiden an Alsterdorf und seinen Geschichtsbildern von den Anstalten [Beitrag zum Hopp-und-Jäger-Projekt Bd. 9].- Books on Demand, Norderstedt 2019

## Gleßmer (2022) JAV

Gleßmer, Uwe: Auszeichnungen der Deutschen Arbeitsfront für die Alsterdorfer Anstalten (anhand digital verfügbarer Zeitdokumente) Alfred Lampe zum 90. Geburtstag gewidmet.- in: Jahrbuch des Alstervereins (2022) S. 76-96.

## Gleßmer (2022) EvSt

Gleßmer, Uwe: Zwei Altarraum-Umgestaltungen in der St. Nicolauskirche.- in: Evangelische Stimmen : Zeitfragen und Kirche in Norddeutschland [z.Z. in Druckvorbereitung]

## Hennigs_v (2016) ZHG

Hennigs, Burkard von: Rezension von Gleßmer / Lampe (2016[2]).- in: ZHG 102 (2016) S. 222-225

## Hennigs_v (2020) ZHG

Hennigs, Burkard von: Rezension von Gleßmer / Lampe (2019).- in: ZHG 106 (2020) S. 169-172

## Hopp (1935) HambNachr

Hopp, Bernhard: Das Symbol in der Friedhofskapelle zu Düneberg bei Geesthacht.- in: Hamburger Nachrichten vom 4.5.1935 S. 8 und 11.5.1935 S. 6 [online: www.europeana.eu mit Suche nach „Hamburger Nachrichten 1935-05-04" bzw. „...1935-05-11"

## Hopp (1938) KuK

Hopp, Bernhard: Die Gestalt des Altars.- in: Kunst und Kirche Bd. 15,2 (1938) S. 3-6

## Lensch (1929a) HambKZ

Lensch, Friedrich: Welthafen und Kirche.- in: HambKZ (1929) S. 93-96 [<-URL]

## Lensch (1929b) HambKZ

Lensch, Friedrich: Die lutherische Kirche und die soziale Not.- in: HambKZ (1929) S. 122-124 [<-URL]

## Lensch (1933) EvHamb

Lensch, Friedrich: „Die Entwicklung des Seemannspfarramts in Hamburg.- in: Evangelisches Hamburg (1933) S. 8-10 [<-URL]

## Lensch (1936) HambKZ

Lensch, Friedrich: Der Leib des Menschen und das Christentum.- in: HambKZ (1936) S. 137-138 [<-URL]

## Lensch (1938) HambKZ

Lensch, Friedrich: 75 Jahre Alsterdorfer Anstalten. 1863 19. Oktober 1938.- in: HambKZ (1938) S. 224-225 [<-URL]

## Oltmanns (1979) ZEITmagazin

Oltmanns, Reimar: In der Psychiatrie zerbrochen - Das Schicksal des Albert Huth in den Alsterdorfer Anstalten zu Hamburg.- In: ZEITmagazin Nr. 17 (20.4.1979) [vgl. http://www.reimaroltmanns.com/1979/04/in-der-pflegeanstalt-zerbrochen.html abgerufen 19.8.2015]

## Romey (1980) Behindertenpädagogik

Romey, Stefan: 'Euthanasie' in Hamburger Anstalten [Vortrag bei einer Veranstaltung der Hamburger Schülerkammer. „Das darf nicht verjähren – Naziverbrechen an Behinderten" am 18.4.1979].- in: Behindertenpädagogik, Jg. 19,3 1980, S. 215-223

## Schmuhl / Winkler (2021)

Schmuhl, Hans-Walter / Winkler, Ulrike: Heinrich Matthias Sengelmann (1821-1899) und die Anfänge der Evangelischen Stiftung Alsterdorf.- Vorstand der Evangelischen Stiftung Alsterdorf (Vertrieb durch Öffentlichkeitsarbeit: info@alsterdorf.de)

## Sengelmann (1871)

Sengelmann, Heinrich M.: Die Alsterdorfer Anstalten. Ein Lebensbild.- Soltau, Norden 1871 [URL: https://resolver.sub.uni-hamburg.de/kitodo/PPN670032743]

## Tauscher (1994) umbruch

Tauscher, Erwin: Altarbild war kein Ärgernis [Leserbrief zu umbruch 3,1994].- in: umbruch 4,1994 S. 6

## Wunder / Genkel / Jenner (1987) => Wunder / Genkel / Jenner (2016³)

Wunder, Michael / Genkel, Ingird / Jenner, Harald: Auf dieser schiefen Ebene gibt es kein Halten mehr. Die Alsterdorfer Anstalten im Nationalsozialismus. Herausgegeben vom Vorstand der Alsterdorfer Anstalten, Pastor Rudi Mondry.- Kommissionsverlag Agentur des Rauhen Hauses, Hamburg 1987

## Wunder / Genkel / Jenner (2016³)

Wunder, Michael / Genkel, Ingird / Jenner, Harald: Auf dieser schiefen Ebene gibt es kein Halten mehr. Die Alsterdorfer Anstalten im Nationalsozialismus. Erste Auflage 1987; Dritte und erweiterte Auflage, Kohlhammer Stuttgart 2016

# 5  Zu den Autoren

*Dr. Uwe Gleßmer* (Jahrgang 1951) ist Privatdozent für Altes Testament. Er wurde 1982 nach seinem Vikariat in der Gemeinde Maria-Magdalenen von Bischof Wölber zum Pastor ordiniert, arbeitete bis 2013 mit kurzzeitigen Unterbrechungen an der Universität Hamburg. Seit seinem Ruhestand ist er ehrenamtlich am Geschichtsprojekt der Lutherkirchen-Gemeinde in Hamburg-Wellingsbüttel engagiert sowie an dem Dokumentationsprojekt zum Architekturbüro Hopp und Jäger (www.huj-projekt.de). – Auf dem Hintergrund der Erschließung des umfangreichen Fotomaterials des Hamburgischen Architekturarchivs widmet er sich in besonderer Weise den von H&J vor dem Zweiten Weltkrieg im Norden Hamburgs gestalteten Kirchbauten sowie den damit verbundenen historischen Zusammenhängen.

U.a. durch die Corona-Situation 2020 wurde er mit dazu stimuliert, die Materialien seiner eigenen Bibliothek und die inzwischen vielen elektronisch verfügbaren Hilfsmittel und Zugänge zur aktuellen Literatur zu nutzen. So kann es nach jahrelangem und anderweitigem Engagement wieder um sein altes Fach und um den für jüdisch-christliche Verständigung so wichtigen Bereich der Literatur des Zweiten Tempels gehen.

*Alfred Lampe* (Jahrgang 1931) begann seine theologische Tätigkeit in der Württembergischen Bibelanstalt in Stuttgart, von der er nach drei Jahren als theologischer Referent in die Bundesarbeitsgemeinschaft Evangelischer Jugendaufbaudienst (Zusammmenschluss von Trägern evangelischer Jugendsozialarbeit) überwechselte. Als Pastor und ehemaliger Geistlicher an der St. Nicolauskirche von 1972 bis zu seinem Ruhestand 1991 ist er Zeitzeuge des Lebens und Lernens der Alsterdorfer Gemeinde, die sich um angemessene Verkündigung und Begleitung von Pflegebefohlenen und Personal bemüht. Durch seine seelsorgerliche Begleitung, durch seine private Bibliothek und Dokumentationen, die ihm z.T. persönlich aus den Nachlässen von ehemaligen Schwestern übergeben wurden, besitzt er vielfältige direkte Kenntnisse und Erfahrungen aus der Innensicht – u.a. auch aus dem Kontakt zu seinem früheren Amtsvorgänger Pastor F. Lensch. Als Ruheständler ist er seit 1992 in der Maria-Magdalenen-Kirche in Hamburg-Klein-Borstel ehrenamtlich tätig.